Das rote Jahrzehnt

Wolfgang Brunner
September 1993

Arthur Koestler

Das rote Jahrzehnt

Europaverlag
Wien · Zürich

CIP-Titelaufnahme der Deutschen Bibliothek

Koestler, Arthur: Das rote Jahrzehnt / Arthur Koestler.
Wien ; Zürich : Europaverl., 1991
ISBN 3-203-51126-6

Erstveröffentlichung in *The God that Failed*,
Hamish Hamilton, London 1949

Nicht personifizierbare Übertragung aus dem Englischen
Europa Verlag, Zürich 1950

Graphische Gesamtgestaltung: Catherine F. Littasy-Rollier, Wien
Umschlagphotographie: Horst Tappe

Medieninhaber: Europa Verlag GesmbH

Hersteller: Elbemühl Graphische Industrie GesmbH
Verlags- und Herstellungsort: Wien
Printed in Austria
ISBN 3-203-51126-6

Ein Glaube wird nicht durch sachliche Überlegungen erworben. Wer sich in eine Frau verliebt oder in den Schoß einer Kirche eingeht, tut dies nicht aufgrund logischer Denkvorgänge. Die Vernunft mag einen Glaubensakt begründen – aber erst, nachdem er vollzogen worden ist und der Mensch sich auf ihn verpflichtet hat. Der Überredung mag eine gewisse Rolle bei der Bekehrung eines Menschen zufallen, doch nur insofern sie einem Entwicklungsprozeß, der bereits in Bereichen gereift ist, in die keine Logik eindringen kann, zu seinem vollen und bewußten Durchbruch verhilft. Ein Glaube läßt sich nicht „erwerben", er wächst wie ein Baum. Seine Krone strebt dem Himmel zu, seine Wurzeln wachsen hinab in die Vergangenheit, wo sie sich von den dunklen Säften aus dem Humus vergangener Geschlechter nähren.

Vom Standpunkt des Psychologen aus gesehen, besteht kaum ein Unterschied zwischen einem revolutionären und einem traditionsgebundenen Glauben. Jeder echte Glaube ist kompromißlos, radikal und lauter. Mithin ist der wirklich traditionsgebundene Mensch immer ein revolutionärer Eiferer gegen die pharisäische Gesellschaft und gegen die lauwarmen Verwässerer des Glaubens. Umgekehrt ist das Utopia des Revolutionärs, das scheinbar einen völligen Bruch mit der Vergangenheit darstellt, immer nach dem Vorbild des verlorenen Paradieses, nach dem Bilde eines legendären Goldenen Zeitalters geschaffen. Nach Marx und Engels sollte die klassenlose kommunistische Gesellschaft, in der die dialektische Spirale ausläuft, eine

Wiederauferstehung der primitiven kommunistischen Gesellschaft sein, von der die Spirale ihren Ausgang nimmt. So kommt es, daß jeder echte Glaube den Gläubigen gegen seine soziale Umwelt aufbegehren läßt und ein der fernen Vergangenheit entlehntes Ideal in die Zukunft projiziert. Alle Utopien werden aus den Quellen der Mythologie gespeist, und die Entwürfe des Gesellschaftsplaners sind lediglich revidierte Neuauflagen der alten Texte.

Die Hingabe an eine reine Utopie und die Revolte gegen eine „verderbte" Gesellschaft sind also die beiden Pole, welche die allen militanten Glaubensbekenntnissen eigene Spannung erzeugen. Die Frage aufzuwerfen, welcher der beiden Pole den Strom zum Fließen bringt, die Anziehung durch das Ideal oder die Abstoßung durch die soziale Umwelt, hieße, die alte Frage nach Ei und Henne stellen. Der Psychiater sieht sowohl das Verlangen nach Utopie als auch die Erhebung gegen den Status quo als Symptome sozialer Fehlanpassung an. Für den Sozialreformer sind beide Symptome einer gesunden rationellen Haltung. Der Psychiater ist immer geneigt zu vergessen, daß die geschmeidige Anpassung an eine degenerierte Gesellschaft degenerierte Individuen erzeugt. Und der Sozialreformer vergißt zu leicht, daß Haß, selbst auf das wirklich Hassenswerte, nicht zu Nächstenliebe und Gerechtigkeit zu führen vermag, auf denen allein eine utopische Gesellschaft beruhen kann.

Infolgedessen spiegelt die Meinung des Soziologen wie die des Psychologen lediglich eine Halbwahrheit wider. Zwar läßt die Geschichte der meisten Revolutionäre und Reformatoren einen neurotischen Konflikt mit der Familie oder der Gesellschaft erkennen, doch beweist das nur, um mit Marx zu sprechen, daß eine zum Untergang bestimmte Gesellschaft ihre eigenen morbiden Totengräber hervorbringt. Es läßt sich ebensowenig bestreiten, daß die einzige ehrenhafte Haltung gegenüber einem empörenden Unrecht darin besteht, sich dagegen aufzulehnen und Introspektionen auf bessere Zeiten zu verschieben. Wenn wir aber die Geschichte überblicken und die großen Ziele, in deren Namen Revolutionen begonnen wurden, mit dem jämmerlichen Ende vergleichen, das ihnen beschieden war, müssen wir immer wieder feststellen, daß eine korrupte Gesellschaft auch ihre eigene revolutionäre Brut korrumpiert.

Setzt man die Halbwahrheit des Soziologen mit der des Psychologen zusammen, so darf man folgern, daß, wenn einerseits Überempfindlichkeit gegenüber sozialem Unrecht und krankhaftes Verlangen nach einer Utopie Anzeichen für eine neurotische Fehlanpassung sind, andererseits die Gesellschaft ein Stadium der Dekadenz erreichen kann, in dem der neurotische Rebell dem Himmel wohlgefälliger ist als der gesunde Geschäftsmann, der den Befehl gibt, Schweine vor den Augen hungernder Menschen zu ertränken.

So war es um unsere Zivilisation bestellt, als ich mich im Dezember 1931, im Alter von 26 Jahren, der Kommunistischen Partei Deutschlands anschloß.

Meine Entwicklung zum Revolutionär

Ich wurde bekehrt, weil ich reif dafür war und weil ich in einer sich auflösenden Gesellschaft lebte, die verzweifelt nach einem Glauben verlangte. Aber der Tag, an dem mir mein Parteibuch überreicht wurde, war lediglich der Höhepunkt einer Entwicklung, die begonnen hatte, bevor mir etwas von den ertränkten Schweinen oder von Marx und Lenin zu Ohren gekommen war. Die Wurzeln dieser Entwicklung reichen zurück bis in die Kindheit.

Ich wurde 1905 in Budapest geboren, wo wir bis zu unserer Übersiedlung nach Wien im Jahre 1919 lebten. Bis zum Ersten Weltkrieg führten wir das durchschnittliche Leben einer durchschnittlichen europäischen Mittelstandsfamilie. Mein Vater vertrat einige alte englische und deutsche Textilfirmen in Ungarn. Wie so viele andere Existenzen nahm auch seine im September 1914 ein jähes Ende, und mein Vater sollte nie wieder festen Boden unter den Füßen gewinnen. Er ließ sich auf eine Reihe gewagter Unternehmen ein, die um so phantastischer wurden, je mehr er in der veränderten Welt sein Selbstvertrauen verlor. Er eröffnete eine Fabrik für radioaktive Seife, finanzierte eine Reihe von närrischen Erfindungen, wie Dauerglühbirnen, selbsttätige Bettwärmer und dergleichen, und verlor schließlich den Rest seines Vermögens in der österreichischen Inflation der frühen zwanziger Jahre. Als ich 21 Jahre alt war, verließ ich mein Elternhaus und wurde mit diesem Tage zum einzigen finanziellen Rückhalt für meine Eltern.

Mit neun Jahren, als unser Mittelstandsidyll zusammenbrach, wurde ich mir plötzlich der wirtschaftlichen Tatsachen des Lebens bewußt. Als einziges Kind wurde ich zwar auch weiterhin von meinen Eltern verwöhnt; da ich aber ihre Geldschwierigkeiten erriet und für meinen Vater, der von einer etwas kindlichen Großzügigkeit war, Mitleid empfand, beschlich mich immer ein Gefühl der Schuld, wenn meine Eltern mir Bücher oder Spielzeug kauften. Auch in späteren Jahren empfand ich das gleiche, als jede Ausgabe für mich selbst einen Abstrich von der Geldsumme bedeutete, die ich nach Hause schicken konnte. Gleichzeitig entwickelte sich in mir eine starke Antipathie gegen die ostentativ Reichen; doch nicht etwa deswegen, weil sie sich alles leisten konnten (der Neid spielt bei sozialen Konflikten eine weit geringere Rolle, als im allgemeinen angenommen wird), sondern weil sie das ohne jegliches Schuldgefühl taten. So projizierte ich meine persönlichen Probleme auf die Gesellschaftsstruktur als Ganzes.

Gewiß war das ein etwas umwegiger Pfad zu einem sozialen Gewissen. Aber gerade weil dieser Konflikt einen so intimen Charakter hatte, wurde auch der Glaube, der aus ihm erwuchs, zu einem ureigensten Teil meiner selbst. Es dauerte mehrere Jahre, bis er sich zu einem politischen Bekenntnis verdichtete; zunächst war es nichts weiter als sentimentale Gefühlsduselei. Jede Berührung mit Menschen, die ärmer waren als ich, wurde mir unerträglich. Der Junge in der Schule, der keine Handschuhe hatte und dessen Finger mit roten Frostbeulen bedeckt waren, der frühere Kommis meines Vaters, der in seiner Not gelegentlich um eine Mahlzeit betteln kam, sie alle machten die mich bedrückende Gewissenslast noch schwerer. Ein Psychoanalytiker würde mühelos nachweisen, daß die Wurzeln dieses Schuldkomplexes tiefer reichten als die Krise unserer häuslichen Wirtschaftslage. Könnte er indessen noch um eine Stufe tiefer dringen, so würde er, jenseits der individuellen Schicht des besonderen Falles, auf den archetypischen Verhalt stoßen, aus dem sich Millionen verschiedener Variationen zum gleichen Thema entwickelt haben: „Wehe denen, die da leiern zum Klang der Harfe und sich salben mit dem besten Öl, aber nicht grämen um den Schaden des Volkes."

Nachdem mir auf diese Weise ein persönlicher Konflikt die Sinne geschärft hatte, war ich reif für die erschütternde Entdeckung, daß Weizen verbrannt und Obst vorsätzlich vernichtet wurde und daß Schweine ertränkt wurden, damit in den Jahren der Krise die Preise stabil blieben und fette Kapitalisten weiterhin zu den Klängen der Harfen singen konnten, während Europa unter dem Gedröhn der Hungermärsche erzitterte und mein Vater seine abgeschabten Manschetten unter dem Tisch verbarg. Diese abgeschabten Manschetten waren der Zunder, und die ertränkten Schweine der Docht, die das archetypische Erlebnis zur Explosion brachten. Man sang die „Internationale", aber es hätten ebensogut die älteren Worte sein können: „Wehe den Hirten, die sich selbst geweidet haben, sollten nicht die Hirten die Schafe weiden."

Auflösung des Mittelstandes

Auch in anderer Hinsicht ist diese Geschichte typischer, als es den Anschein hat. Ein beträchtlicher Teil des Mittelstandes war, wie wir selber, durch die Inflation der zwanziger Jahre ruiniert worden. Es war dies der Anfang vom Untergang Europas. Durch die Auflösung der mittleren Gesellschaftsschichten kam der unheilvolle Polarisationsprozeß in Gang, der bis auf den heutigen Tag angehalten hat. Die verarmten mittleren Stände wurden zu Rebellen der Rechten oder der Linken, eine soziale Völkerwanderung, aus der Schickelgruber und Djugaschwili zu ungefähr gleichen Teilen profitierten. Diejenigen, die ihren Absturz nicht zugeben wollten und sich an das Phantom einer versunkenen Epoche klammerten, gingen zu den Nationalsozialisten und trösteten sich, indem sie Versailles und die Juden für ihr Schicksal verantwortlich machten.

Vielen war nicht einmal dieser Trost vergönnt; sie hatten jeden Daseinszweck verloren und krochen wie ein großer schwarzer Schwarm müder Winterfliegen ziellos auf den trüben Fensterscheiben Europas umher.

Die andere Hälfte wandte sich nach links und bestätigte damit die Prophezeiung des Kommunistischen Manifests:

> *Ganze Bestandteile der herrschenden Klasse werden in das Proletariat hinabgeworfen oder wenigstens in ihren Lebensbedingungen bedroht. Sie führen dem Proletariat eine Menge Bildungselemente zu.*

Zu diesen „Bildungselementen" gehörte, wie mir zu meiner Begeisterung klar wurde, auch ich. Solange ich dicht am Verhungern gewesen war, hatte ich mich als einen zeitweilig aus der Bahn geratenen Abkömmling des Bürgertums betrachtet. Als ich aber im Jahre 1931 endlich ein ausreichendes Einkommen gefunden hatte, fand ich es an der Zeit, mich dem Proletariat anzuschließen. Doch die Ironie dieses Zusammenhanges wurde mir erst später bewußt.

Die Familie der Bourgeois fällt natürlich weg ... mit dem Verschwinden des Kapitals ... Die bürgerlichen Redensarten über Familie und Erziehung, über das traute Verhältnis von Eltern und Kindern werden um so ekelhafter, je mehr infolge der großen Industrie alle Familienbande für die Proletarier zerrissen ... werden.

Soweit das Kommunistische Manifest. Jede Seite aus dem Werk von Marx und mehr noch aus dem von Engels brachte mir damals neue Enthüllungen und ein geistiges Entzücken, wie ich es bis dahin nur ein einziges Mal, bei meiner ersten Berührung mit Freud, empfunden hatte. Aus dem Zusammenhang gerissen, klingt das obige Zitat lächerlich; als Teil eines geschlossenen Systems hingegen, das die Sozialphilosophie sich nach einem klaren und verständlichen Schema ordnen läßt, hatte der Nachweis der historischen Realität von Institutionen und Idealen – Familie, Klasse, Patriotismus, bürgerlicher Moral, sexueller Tabus – die berauschende Wirkung einer plötzlichen Befreiung von den rostigen Fesseln, in die eine mittelständische Vorweltkriegskindheit den Geist geschlagen hatte. Heute, da die marxistische Philosophie in einen byzantinischen Kult entartet und jeder einzelne Grundsatz des marxistischen Programms in sein Gegenteil verdreht worden ist, lassen sich jene leidenschaftlichen Gefühle und geistigen Rauschzustände kaum noch nachempfinden.

Ich war zu dieser Bekehrung reif, weil mein persönliches Schicksal mich darauf vorbereitet hatte, wie Tausende von anderen Angehörigen der Intelligenz und des Mittelstandes durch ihr persönliches Schicksal dafür reif gemacht worden waren. So weitgehend sich diese Schicksale aber auch von Fall zu Fall unterschieden, sie hatten alle einen gemeinsamen Nenner: den schnellen Verfall der moralischen Werte und des alten Lebensstiles im Nachweltkriegseuropa und die gleichzeitige Lockung der neuen Heilsbotschaft aus dem Osten.

Das rote Jahrzehnt

Ich trat der Partei, die für uns ehemaligen Kommunisten bis zum heutigen Tag „die" Partei geblieben ist, im Jahre 1931 bei, zu Beginn jener kurzlebigen Periode des Optimismus, jener mißlungenen geistigen Renaissance, die man später als rotes Jahrzehnt bezeichnete. Die strahlendsten Erscheinungen dieser trügerischen Morgenröte waren Barbusse, Romain Rolland, Gide und Malraux in Frankreich; Piscator, Becher, Renn, Brecht, Eisler und Anna Seghers in Deutschland; Auden, Isherwood und Spender in England; Dos Passos, Upton Sinclair und Steinbeck in den Vereinigten Staaten. Die kulturelle Atmosphäre war gesättigt mit Kongressen von revolutionären Schriftstellern, mit Experimentalbühnen, mit Komitees gegen Krieg und Faschismus, mit Gesellschaften für kulturelle Beziehungen mit der Sowjetunion, mit russischen Filmen und Avantgardezeitschriften. Es sah tatsächlich so aus, als wäre die westliche Welt unter den Nachwehen des Krieges, unter der Geißel von Inflation, Krise, Arbeitslosigkeit und dem Mangel eines Glaubens, für den zu leben sich lohnte, endlich im Begriff, den langersehnten Marsch anzutreten: „Brüder, zur Sonne, zur Freiheit – Brüder, zur Sonne, zum Licht." Der neue Stern von Bethlehem war im Osten aufgegangen, und für ein bescheidenes Eintrittsgeld war „Intourist" bereit, den Pilger einen kurzen und gut gelenkten Blick in das gelobte Land werfen zu lassen.

Ich lebte damals in Berlin. Während der vorhergehenden fünf Jahre hatte ich für die Zeitungen des Ullstein-Verlages gearbeitet, zunächst als Auslandskorrespondent im Mittleren Osten, dann in Paris. Schließlich, im Jahre 1930, wurde ich von Paris zum Redaktionsstab des Berliner „Hauses" berufen. Zum besseren Verständnis des Folgenden müssen hier einige Worte über den damaligen Verlag Ullstein, ein Symbol der Weimarer Republik, gesagt werden.

Der Ullstein-Verlag war eine Art Supertrust, die größte Organisation dieser Art in Europa und wahrscheinlich in der ganzen Welt. Er gab allein in Berlin vier Tageszeitungen heraus, darunter die im achtzehnten Jahrhundert gegründete ehrwürdige „Vossische Zeitung" und die „B. Z. am Mittag", ein Blatt, das mit seiner Auflage und dem Tempo seiner Nachrichtenvermittlung einen journalistischen Rekord aufgestellt hatte. Daneben veröffentlichte das Ullstein-Haus mehr als ein Dutzend Wochen- und Monatszeitschriften, unterhielt einen eigenen Nachrichtendienst, ein eigenes Reisebüro und gehörte zu den führenden Buchverlagen. Die Firma gehörte den fünf Gebrüdern Ullstein – es waren fünf, wie die ersten Gebrüder Rothschild, und wie diese jüdischer Abstammung. Ihre Politik war liberal und in kulturellen Fragen fortschrittlich bis zum Avantgardismus. Sie dachten antimilitaristisch und antichauvinistisch; und es war zum großen Teil ihrem Einfluß auf die öffentliche Meinung zu verdanken, daß die Politik der deutsch-französischen Annäherung der Briand-Stresemann-Ära in den fortschrittlichen Kreisen des deutschen Volkes ein positives Echo fand. Das Haus Ullstein stellte nicht nur einen politischen Machtfaktor dar, es war gleichzeitig auch die Verkörperung des liberalen Kosmopolitismus der Weimarer Republik. Die Atmosphäre im Verlagsgebäude in der Kochstraße glich eher der eines Ministeriums als der einer Redaktion.

Meine Versetzung von Paris nach Berlin ging auf einen Artikel zurück, den ich aus Anlaß der Verleihung des Nobelpreises für Physik an den Prinzen de Broglie geschrieben hatte. Meine Chefs fanden, daß ich ein Talent für populärwissenschaftliche Darstellungen besäße (ich hatte in Wien Naturwissenschaften studiert), und boten mir den Posten des wissenschaftlichen Redakteurs der „Vossischen“ und eines wissenschaftlichen Beraters für die übrigen Ullstein-Publikationen an. Der Tag, an dem ich in Berlin eintraf, war der schicksalsschwere 14. September 1930 – der Tag der Reichstagswahlen, bei denen die NSDAP die Zahl der Abgeordneten in einem gewaltigen Sprung von 12 auf 107 erhöhen konnte. Auch die Kommunisten hatten Gewinne zu verzeichnen, während die Parteien der demokratischen Mitte zermalmt wurden. Es war der Anfang vom Ende der Weimarer Republik; Knickerbockers berühmtes Buch „Deutschland so oder so?“ – bei dem das eine „so“ auf dem Titel durch das Hakenkreuz illustriert war, das andere durch Hammer und Sichel – faßte die Situation treffend zusammen. Augenscheinlich gab es keine dritte Möglichkeit.

Siegfried Jakoby, Fan Noli, Henri Barbusse, Jelena Stassowa,
Willi Münzenberg und Fritz Heckert
Internationaler Antifaschistischer Kongreß · Berlin 1930

Massenkundgebung der Nationalsozialisten
Sportpalast Berlin, September 1930

Begegnung mit Marx, Engels und Lenin

Ich tat meine Arbeit und schrieb über Elektronen, Chromosomen, Raketenschiffe, Neandertaler und Spiralnebel. Doch der zunehmende Druck der politischen Ereignisse wurde bald unentrinnbar. Bei einer Arbeitslosenzahl von rund einem Drittel aller Lohnempfänger lebte Deutschland in einem Zustand latenten Bürgerkrieges, und wenn man nicht als untätiges Opfer von dem nahenden Sturm hinweggefegt werden wollte, war es unumgänglich, sich politisch zu entscheiden. Stresemanns Partei war tot, die Sozialdemokraten betrieben eine Politik opportunistischer Kompromisse; die Kommunisten, hinter denen die mächtige Sowjetunion stand, schienen die einzige Kraft, um dem Ansturm der primitiven Horden mit dem Hakenkreuztotem Widerstand zu leisten.

Doch es war nicht diese defensive Erwägung, die mich zur KPD hinzog. Ich war der Elektronen und Protonen satt und hatte begonnen, mich ernsthaft mit Marx, Engels und Lenin zu beschäftigen. Die Lektüre des „Feuerbach" und vor allem von Lenins „Staat und Revolution" löste in mir die seit langem fällige geistige Explosion aus. Der Ausdruck, es sei einem plötzlich „ein Licht aufgegangen", ist eine armselige Bezeichnung für das geistige Entzücken, das dem Bekehrten widerfährt – ganz gleich, zu welchem Glauben er bekehrt worden ist. Das neue Licht scheint von allen Seiten in die Schädelhöhle einzudringen; die verwirrende Fülle der Erscheinungen nimmt plötzlich eine faßbare Gestalt an, als hätte ein Zauberstab die verstreuten Mosaikstücke eines Puzzlespiels mit einem Schlag zusammengefügt. Von nun an gibt es auf jede Frage eine Antwort; Zweifel und Konflikte gehören der qualvollen Vergangenheit an, jener weit zurückliegenden Vergangenheit, als man noch in schmachvoller Unwissenheit in der faden, farblosen Welt der Uneingeweihten gelebt hat. Von jetzt an ist die innere Ruhe und Heiterkeit des Bekehrten durch nichts mehr zu gefährden – höchstens noch durch gelegentliche Anwandlungen der Furcht, er könne den Glauben wieder verlieren und damit all dessen verlustig gehen, was das Leben allein lebenswert macht, um in die Dunkelheit zurückzustürzen, wo Heulen und Zähneklappern herrscht.

Das erklärt vielleicht, daß Leute, die an und für sich sehen und denken können, noch im Jahre 1950 guten Glaubens der kommunistischen Bewegung treu bleiben können. Es war stets nur eine kleine Minderheit in der Geschichte, die mit der Gefahr der Exkommunizierung zu spielen und im Namen einer abstrakten Wahrheit seelisches Harakiri zu begehen vermochte ...

Mein Eintritt in die Partei

Das Datum meines Aufnahmegesuches an die Kommunistische Partei Deutschlands ist leicht zu behalten: es war der 31. Dezember 1931. Das neue Leben sollte mit dem neuen Kalenderjahr beginnen. Ich bewarb mich mit einem an das Zentralkomitee der KPD gerichteten Schreiben, das einen kurzen Lebenslauf enthielt und in dem ich mich bereit erklärte, der guten Sache in jeder von der Partei beschlossenen Eigenschaft zu dienen.

Es war nicht gebräuchlich, sich zu diesem Zweck direkt an das Zentralkomitee zu wenden. Ich tat es auf Anraten von Freunden, die in enger Verbindung mit der Partei standen. Der normale Weg war, in eine der Parteizellen, die Grundeinheiten der Parteiorganisation, einzutreten.

Es gab zwei Arten von Zellen: „Betriebszellen", die alle Parteimitglieder einer bestimmten Fabrik, Werkstatt, eines Büros oder anderen Unternehmens umfaßte, und „Straßenzellen", die nach Wohnblocks organisiert waren. Der größte Teil aller Lohnempfänger gehörte gleichzeitig den Betriebszellen ihrer Arbeitsplätze und den Straßenzellen ihrer Wohnorte an. Dieses System wurde damals in allen Ländern angewandt, in denen die Partei ein legales Dasein führte. Es war ein eisernes Gesetz, daß jedes Parteimitglied, wie hoch sein Platz in der Rangordnung auch sein mochte, einer solchen Zelle angehören mußte. Es gäbe, so wurde uns erzählt, selbst im Kreml eine Betriebszelle, in der die Angehörigen des Politbüros mit den Wachen und den Reinmachefrauen bei der üblichen wöchentlichen Zusammenkunft in brüderlicher Demokratie die Politik der Partei erörterten und in der Stalin einen Anpfiff bekäme, wenn er mit seinem Mitgliedsbeitrag im Rückstand sei.

Mein Freund N., der eine entscheidende Rolle bei meiner Bekehrung gespielt hatte, riet mir jedoch dringend davon ab, auf gewöhnliche Weise in eine Zelle einzutreten. (Ich nenne ihn N., weil er vor vielen Jahren aus der Partei ausgetreten ist und heute in einem Land lebt, wo selbst eine längst begrabene und abgeschworene kommunistische Vergangenheit einem Ausländer Schwierigkeiten bereiten könnte.) N. war ein früherer Klempnerlehrling, der durch Abendkurse und verbissenes, nächtelanges Lesen sich eine gute Allgemeinbildung angeeignet und später einen Namen als politischer Schriftsteller gemacht hatte. Er kannte seinen Marx und Lenin in- und auswendig und verfügte über den absoluten Glauben, der eine so hypnotische Macht über das Denken anderer Menschen ausübt. „Sei nicht verrückt", erklärte er mir, „sobald du in eine Zelle eingetreten bist und bekannt wird, daß du der KPD angehörst, bist du deine Stellung bei Ullstein los. Und diese Stellung ist für die Partei von großer Bedeutung."

Ich muß hier ergänzen, daß ich inzwischen noch zum außenpolitischen Redakteur der „B. Z. am Mittag" ernannt worden war – ein Posten, der einen gewissen politischen Einfluß mit sich brachte und Zugang zu vertraulichen politischen Informationen verschaffte.

So schrieb ich denn, auf meines Freundes Rat, direkt an das Zentralkomitee.

Etwa eine Woche später kam die Antwort in Gestalt eines recht seltsamen Briefes. Er war mit der Schreibmaschine auf einen neutralen, anschriftslosen Bogen ohne Kopf geschrieben und lautete ungefähr folgendermaßen:

Sehr geehrter Herr,
bezugnehmend auf Ihr geschätztes Schreiben vom 31. Dezember würden wir es sehr begrüßen, wenn Sie am nächsten Montag um 15 Uhr mit einem Vertreter unserer Firma, Herrn Schneller, in den Räumen der Papierfabrik Schneidemühl, ...straße, zusammenkommen könnten.

Hochachtungsvoll
(unleserlich)

Die Papierfabrik Schneidemühl war eine der bekanntesten in Deutschland, aber ich wäre nie auf den Gedanken gekommen, daß sie irgend etwas mit der KPD zu tun hätte. Welches Verhältnis da bestand, weiß ich auch heute noch nicht; auf jeden Fall war es so, daß die Berliner Büros dieser Firma für unauffällige vertrauliche Zusammenkünfte benutzt wurden. Ich begriff zwar nicht ganz, was diese konspirative Geheimnistuerei sollte, fand sie aber nichtsdestoweniger sehr aufregend. Als ich zur festgesetzten Zeit bei Schneidemühl eintraf und mich nach Herrn Schneller erkundigte, bedachte mich das Mädchen an der Auskunft mit einem Blick, den man gewöhnlich als „durchdringend" beschreibt, während er genaugenommen eher etwas vom Starren eines Schellfisches hat. Ich bin diesem Blick seither in vielen ähnlichen Situationen begegnet; wo immer der Wunsch nach brüderlicher Verbundenheit von Mißtrauen und Furcht überschattet wird, tauschen die Menschen keine „durchdringenden" oder „abschätzenden" Blicke aus, sondern glotzen sich trüb und ausdruckslos an, wie Fische.

„Haben Sie eine Verabredung mit Ernst?" fragte sie.

„Nein – mit Herrn Schneller."

Diese dumme Antwort schien sie irgendwie von meiner Vertrauenswürdigkeit zu überzeugen. Sie teilte mir mit, daß Herr Ernst Schneller noch nicht eingetroffen sei, und bat mich, Platz zu nehmen und zu warten. Ich wartete – über eine halbe Stunde. Es war meine erste Erfahrung mit der Unpünktlichkeit, die in den höheren Parteikreisen zum guten Ton gehörte. Die Russen sind als halbe Orientalen von Natur aus unpünktlich, und da jeder Parteibürokrat bewußt oder unbewußt nach russischem Muster zu leben trachtete, begann die Angewohnheit allmählich von der obersten Komintern-Bürokratie bis in die einzelnen Parteiorganisationen der Länder durchzusickern.

Schließlich erschien er. Wir stellten uns einander auf kontinentale Weise vor, indem er „Schneller“ und ich „Koestler“ schnarrte, schüttelten uns die Hände, und nach einer oberflächlichen Entschuldigung für seine „kleine“ Verspätung lud er mich in ein Café auf der anderen Straßenseite ein. Schneller war ein hagerer, knochiger Mann von ungefähr 35 Jahren, mit einem schmalen, straff gespannten Gesicht und einem linkischen Lächeln. Sein Benehmen war ebenso unbeholfen; er schien sich die ganze Zeit hindurch etwas unbehaglich zu fühlen. Ich hielt ihn für einen untergeordneten kleinen Parteiangestellten und erfuhr erst später, daß er wirklich Ernst Schneller hieß – und daß er „der“ Schneller war, Mitglied des deutschen Zentralkomitees und Leiter des „Agitprop“ (der Abteilung für Agitation und Propaganda). Außerdem war er, wie ich noch später erfuhr, Leiter des „Apparats N“*, einer der vier oder fünf unabhängig und parallel nebeneinander arbeitenden Geheimorganisationen, die teils von der KPD, teils direkt von der GPU unterhalten wurden. Worin die Aufgaben des Schnellerschen Apparats im einzelnen bestanden – ob in der Beschaffung militä-

* Ich erinnere mich nicht mehr genau, unter welchem Buchstabenzeichen Schnellers Apparat bekannt war.

rischer Informationen oder lediglich in harmloser Industriespionage –, habe ich bis auf den heutigen Tag nicht in Erfahrung bringen können. Schneller selbst wurde von den Nationalsozialisten zu sechs Jahren Zwangsarbeit verurteilt und starb im Zuchthaus eines natürlichen oder gewaltsamen Todes.

Von all dem hatte ich natürlich keine Ahnung, als ich diesem unbedeutend wirkenden hageren Mann in den dürftigen Räumen der Papierfabrik gegenüberstand und meine erste Berührung mit der Partei hatte. Von unserem Gespräch in dem kleinen Café ist mir in Erinnerung geblieben, daß er erwähnte, Vegetarier zu sein und hauptsächlich von rohem Gemüse und Obst zu leben, was mir eine Erklärung für sein knochiges, ausgedörrtes Gesicht abzugeben schien. Ich erinnere mich auch, daß er auf meine Frage, ob er einen bestimmten Zeitungsartikel gelesen habe, zur Antwort gab, er lese keine bürgerlichen Blätter, die einzige Zeitung, die er lese, sei das offizielle Parteiorgan „Die Rote Fahne“. Dies bestärkte mich in der Überzeugung, daß mir das Zentralkomitee irgendeinen kleinen und engstirnigen Bürokraten geschickt hatte. Die absurde Tatsache, daß die KPD einen Propagandachef ihr eigen nannte, der nur seine eigene Zeitung las, dämmerte mir erst später, als ich von Schnellers offiziellen Funktionen erfuhr. Er stellte nicht viele Fragen, erkundigte sich aber eingehend nach der Stellung, die ich bei Ullstein innehatte.

Ich teilte ihm meinen Wunsch mit, meinen Posten aufzugeben und nur noch für die Partei zu arbeiten, sei es im Bereich der Propaganda oder, noch lieber, als Traktorfahrer in der Sowjetunion (es war die Zeit der Zwangskollektivierung, und die sowjetische Presse verlangte verzweifelt nach Traktoristen). Mein Freund N. hatte mich bereits vor dieser fixen Idee gewarnt, die er ein „typisches Zeichen kleinbürgerlicher Romantik“

AK, rauchend

nannte, und mir zu verstehen gegeben, daß ich mich lächerlich machen würde, wenn ich irgendeinem Parteibeamten damit käme. Aber ich hielt ihn in dieser Hinsicht für einen Zyniker und konnte nicht begreifen, warum man nicht ein oder zwei Jahre lang Traktorist sein sollte, solange dies zu den dringendsten Erfordernissen an der Front des sozialistischen Aufbaus gehörte.

Schneller versuchte mir geduldig zu erklären, daß es die vordringlichste Pflicht eines jeden Kommunisten sei, in seinem eigenen Lande für die Revolution zu arbeiten; in die Sowjetunion hineingelassen zu werden, wo die Revolution bereits gesiegt habe, sei ein seltenes, den Veteranen der Bewegung vorbehaltenes Privileg. Ebenso falsch wäre es, wenn ich meinen Posten aufgäbe; ich würde der Partei von sehr viel größerem Nutzen sein, wenn ich ihn weiter behielte und nichts über meine politischen Ansichten verlauten ließe. „Auf welche Weise nützlich?“ fragte ich. Schließlich konnte ich nicht die „B. Z.“ zu einer kommunistischen Zeitung machen oder die Politik des Hauses Ullstein ändern. Schneller erwiderte darauf, die Frage sei „mechanistisch gestellt“; es gebe viele Möglichkeiten, die Politik meines Blattes hier und da zu beeinflussen. So zum Beispiel könne ich die Gefahren, die dem Weltfrieden durch die japanische Aggression gegen China drohten, stärker herausstellen (damals gab es nichts, was die Sowjets mehr fürchteten als einen japanischen Angriff).

Wir könnten, wenn ich wollte, einmal in der Woche zusammentreffen, um diese Fragen zu erörtern. Noch lieber wäre es ihm, wenn er irgendeinen weniger überlasteten Vertreter schicken könnte, der mir praktisch jederzeit als politischer Mentor zur Verfügung stehen würde. Daneben könnte ich der Partei über diesen gemeinsamen Freund alle interessanten politischen

Informationen, die mir in die Hände fielen, zukommen lassen. Die Partei würde wahrscheinlich schon in kurzer Zeit in die Illegalität gezwungen werden; und wenn diese Lage einträte, würden Leute wie ich, die sich unverdächtig in respektablen Stellungen befänden, bei dem tödlichen Kampf gegen Faschismus und imperialistische Aggression von noch größerem Wert sein.

Das klang alles sehr vernünftig, und meine anfängliche Abneigung gegen Schneller verwandelte sich bald in Respekt für seine einfache und kluge Argumentationsweise. Wir vereinbarten, in einer Woche wieder zusammenzukommen, wobei er mir dann meinen zukünftigen politischen Berater vorstellen würde. „Wer soll das sein?“ fragte ich. „Ein Genosse namens Edgar“, antwortete Schneller.

Geheimnistuerei

Nachdem wir uns verabschiedet hatten, kam mir plötzlich in den Sinn, daß wir kein Wort über meine formelle Aufnahme in die Partei gesprochen hatten. Die ganze Angelegenheit hing in der Luft; war ich nun ein richtiger Kommunist oder nicht? Ich lief Schneller nach und fragte ihn. Er setzte sein linkisches Lächeln auf und sagte: „Wenn Sie darauf bestehen, werden wir Sie zum Parteimitglied machen, aber nur unter der Bedingung, daß Ihre Mitgliedschaft geheim bleibt. Sie werden keiner Zelle zugeteilt und werden in der Partei unter einem anderen Namen bekannt sein." Mein Einverständnis klang ziemlich niedergeschlagen, denn solange ich nicht in eine Zelle eintreten konnte, würde ich keine Gelegenheit haben, am Leben, an der Atmosphäre und an der brüderlichen Solidarität der Partei teilzuhaben. „Sagen Sie mir, welchen Decknamen Sie gebrauchen wollen", meinte Schneller, „und ich werde Ihnen beim nächstenmal das Parteibuch mitbringen."

Der Name, der mir nach kurzem Überlegen einfiel, war Iwan Steinberg. Iwan vermutlich wegen der russischen Klangfarbe; Steinberg war der Name eines Freundes, eines Psychoanalytikers in Tel Aviv, von dem ich jahrelang nichs gehört hatte. Er wollte mich immer zur Beendigung meiner Studien an der Universität Wien überreden, die ich vorzeitig abgebrochen hatte. „Wenn du nicht promovierst", sagte er einmal, „wirst du immer ein Vagabund bleiben. So hoch dich dein Weg auch führt, die Leute werden dir immer den Landstreicher anmerken."

Eine Woche später traf ich Schneller am gleichen

Ort. An Stelle von Edgar hatte er ein Mädchen mitgebracht, das er mir als Genossin Paula, eine Mitarbeiterin Edgars, vorstellte. Sie war ein dunkelhaariges, üppiges, leicht schielendes Mädchen von etwa 25 Jahren. Wir gingen wiederum in das kleine Café, wo mir Schneller auseinandersetzte, daß Paula als Verbindung zwischen Edgar und mir fungieren würde: Edgar sei „schwer zu erreichen", aber ich könne mit Paula zu jeder Tageszeit telephonieren, und sie könne ihrerseits stets mit Edgar in Verbindung treten. Mit anderen Worten: Edgars Identität und Adresse sollten mir nicht anvertraut werden.

Es sei hier vermerkt, daß die Kommunistische Partei damals – im Januar 1932 – in Deutschland noch vollkommen legal war; ihre Abgeordneten, darunter Schneller, saßen im Reichstag; ihre Zeitungen konnten jeden Morgen offen zur Revolution aufrufen; ihre Massenversammlungen erhielten den üblichen Polizeischutz; ihr „Roter Frontkämpfer-Bund" (RFB) war eine der vier offiziell anerkannten Privatarmeen im Lande*.

Zur gleichen Zeit aber bereitete sich die Partei darauf vor, in die Illegalität zu gehen; und alles, was in der Partei geschah, trug den Stempel des Illegalen und Konspirativen. Der Neuling in der Partei fand sich in eine völlig fremde Welt versetzt, als steige er in ein Tiefsee-Aquarium mit fluoreszierendem Licht und schwebenden, zerfließenden Formen. Es war eine Welt, in der es nur Vornamen gab – Edgar, Paula und Iwan –, keine Familiennamen und keine Anschriften. Das galt nicht nur für die Mitarbeiter der verschiedenen „Apparate", sondern auch für die große Masse der einfachen Zellenmitglieder. Es war eine paradoxe Atmosphäre – eine Mischung von brüderlicher Kamerad-

* Die übrigen drei waren die SA, der nationalistische „Stahlhelm" und das sozialdemokratische „Reichsbanner".

schaft und gegenseitigem Mißtrauen. Ihr Leitspruch hätte heißen können: „Liebe deinen Genossen, aber traue ihm nicht über den Weg – sowohl in deinem eigenen Interesse, denn er könnte dich verraten, als auch zu seinem Besten, denn je weniger er zu verraten versucht ist, um so besser für ihn." Dies gilt natürlich für jede Untergrundbewegung und wurde in der Partei als so selbstverständlich hingenommen, daß sich niemand der Charakterwandlungen und Veränderungen in den menschlichen Beziehungen innezuwerden schien, die eine lange Parteikarriere unweigerlich mit sich brachte.

Zum Ritter geschlagen

Dieser zweite „Treff“ mit Schneller war der letzte. Noch im Café schrieb er mir Paulas Telephonnummer auf; ich sollte sie in zwei Tagen in meiner Wohnung erwarten. Dann holte Schneller das auf Iwan Steinberg ausgestellte Parteibuch hervor, und wir schüttelten einander verlegen die Hand. Paula warf mir denselben Schellfischblick zu wie das Mädchen im Büro. Ich fühlte, daß es lange dauern würde, ehe mir Genossinnen dieses Typs Vertrauen entgegenbrachten. Ihre Kleider und Gesichter machten einen absichtlich ungepflegten Eindruck, als verabscheuten sie das Bemühen, hübsch zu sein als bürgerliche Konvention; und sie hatten alle jenen „kühnen“ Blick, der besagte: „Mir kann keiner was vormachen.“

Ehe wir uns trennten, sagte Schneller mit seinem verlegenen Lächeln: „Da du jetzt Mitglied der Partei bist, mußt du zu mir und Paula ‚du‘ sagen und nicht ‚Sie‘.“ Mir war, als sei ich gerade zum Ritter geschlagen worden.

Zur festgesetzten Stunde erschien Paula mit Edgar in meiner Wohnung in Neu-Westend. Sie waren mit einer Taxe gekommen, und Paula hatte ihre Schreibmaschine mitgebracht. Edgar war ein blonder junger Mann mit einem glatten Lächeln; er mochte etwa dreißig sein. Wir sprachen über Politik. Ich hatte Bedenken hinsichtlich der Parteilinie: warum etwa konnten wir uns in dem Augenblick, da Hitler vor den Toren stand, nicht mit den Sozialdemokraten einigen? Warum mußten wir sie unbedingt als „Sozialfaschisten“ bezeichnen, was sie zur Raserei brachte und jede

Zusammenarbeit mit ihnen zur Unmöglichkeit machte? Edgar setzte mir mit größter Geduld auseinander, daß die Partei keinen sehnlicheren Wunsch habe, als eine proletarische Einheitsfront mit den sozialdemokratischen Massen zu errichten, daß aber die Einheit an der Basis zu beginnen habe und nicht an der Spitze. Die sozialdemokratischen Führer seien Verräter und würden jede mit ihnen getroffene Abmachung brechen. Der einzige Weg, die „Einheitsfront von unten" zu verwirklichen, sei, die Führer der Sozialdemokratie zu entlarven und die sozialdemokratischen Massen für uns zu gewinnen.

Er konnte glänzend argumentieren, und nach fünf Minuten war ich überzeugt, daß nur ein Vollidiot sich für eine Zusammenarbeit der beiden Arbeiterparteien im Kampf gegen die Nationalsozialisten einsetzen konnte.

Edgar fragte mich, ob ich noch in irgendeinem anderen Punkt beraten zu werden wünsche, und als ich verneinte, schlug er mir sichtlich erleichtert vor, ihm alle politischen Informationen und den vertraulichen Klatsch aus dem Ullstein-Haus zu erzählen. Nach ein oder zwei Minuten erkundigte er sich, ob ich etwas dagegen hätte, wenn Paula das von mir Gesagte auf der Maschine mitschreibe – das würde „Arbeit sparen". Ich hatte nichts dagegen.

In den nächsten Wochen bestand meine ganze Parteitätigkeit darin, daß ich Paula ein- oder zweimal wöchentlich Berichte diktierte. Manchmal kam auch Edgar mit vorbei, um mit seinem glatten, leicht ironischen Lächeln zuzuhören, wobei er im Zimmer auf und ab schritt. Da auch ich die Angewohnheit habe, beim Diktieren umherzulaufen, marschierten wir zuweilen beide im rechten Winkel zueinander durch mein Wohnzimmer, wodurch eine Atmosphäre brüderlicher Zusammenarbeit entstand. Das ist aber auch alles, was mir die Partei in diesem Stadium an wärmeren Gefühlen zu bieten hatte.

Was Paula anlangt, so gab sie kaum jemals ihre mißtrauische Zurückhaltung auf. Ein- oder zweimal sprach sie am Telephon mit ihren Genossen – stets in halben Sätzen und mit halben Anspielungen – und dann wurde sie ein anderer Mensch: vital, fröhlich, sogar ein bißchen albern. Zwischen uns bestand keinerlei physische Anziehung, und ich wußte, daß sie mich geistig nie in ihre Welt aufnehmen würde. Ich war ein Außenseiter – nützlich für die Partei, vielleicht vertrauenswürdig, vielleicht auch nicht –, auf jeden Fall aber ein Außenseiter, ein Sprößling der korrupten bürgerlichen Welt. Niemals nahm sie ein Getränk oder eine Erfrischung von mir an: wenn wir uns in einem Lokal trafen, bestand sie darauf, ihre Zeche selbst zu bezahlen. Als ich ihr zum erstenmal die Tür zum Badezimmer aufmachte, sah ich sie einen mißbilligenden Blick auf meinen Schlafrock werfen.

Edgar war liebenswürdiger und verbindlicher; wenn ich mich aber erbot, ihn im Wagen nach Hause zu bringen, so gab er keine bestimmte Adresse an, sondern ließ sich an irgendeiner Straßenecke absetzen. Trafen wir uns in einem Lokal, so war es ausgemachte Sache, daß er als erster ging und ich erst fünf Minuten später, weil ich sonst womöglich seine Wohnung aufspüren könnte. Alle diese Sicherheitsvorkehrungen, sagte er lächelnd, seien reine Formalitäten und nun einmal Parteibrauch; ich würde mich bald daran gewöhnen und ganz automatisch ebenso handeln.

Der verschmähte Freier

Obwohl ich die Notwendigkeit all dieser konspirativen Maßnahmen einsah, fühlte ich mich dennoch in zunehmendem Maße betrogen. Ich lief der Partei nach, ich kannte kein größeres Verlangen, als mich ganz in ihre Arme zu werfen, und je atemloser ich darum kämpfte, sie zu besitzen und von ihr besessen zu werden, um so mehr entzog sie sich meinem Zugriff. So zerbrach ich mir wie alle abgewiesenen Freier den Kopf, mit welchen Geschenken ich sie zum Lächeln bringen und ihr steinernes Herz erweichen könne. Ich hatte mich bereit erklärt, meine Stellung zu opfern, um das bescheidene Leben eines Traktoristen in den russischen Steppen zu führen; aber das war kleinbürgerliche Romantik. Ich bedrängte Edgar, mich in eine Zelle eintreten zu lassen, in der ich nur unter meinem Decknamen bekannt sein würde: seine Antwort lautete, ich könne dort erkannt werden und dadurch meine Nützlichkeit für die Partei verlieren. Ich fragte ihn, was ich sonst noch tun könne. Er wollte es sich überlegen. Doch Wochen vergingen, ohne daß etwas geschah.

Etwa um diese Zeit wurde bei der „B. Z. am Mittag" ein junger Mann meiner Obhut anvertraut: v. E. war der Sohn eines früheren deutschen Botschafters im Ausland. Er war 21 Jahre alt und wollte Journalist werden. Er sollte unter meiner Anleitung einige Monate als Anfänger in der außenpolitischen Redaktion der „B. Z." arbeiten. Sein Platz war mir gegenüber; nach Redaktionsschluß gingen wir gewöhnlich gemeinsam zur Turnhalle, die von den Ullsteins für den Redaktionsstab eingerichtet worden war, um ein bißchen zu boxen oder mit dem Medizinball zu arbeiten. Da uns nur fünf Jahre Altersunterschied trennten, wurden wir bald Freunde. Ich predigte ihm das marxistische Evangelium, und da ich sein beruflicher Mentor war, mußten meine Argumente in seinen Augen doppeltes Gewicht bekommen. Nach ungefähr vierzehn Tagen schien er mir genügend Fortschritte gemacht zu haben, um in den Dienst an der Sache eingespannt zu werden. Ich verriet ihm natürlich nicht, daß ich selbst der Partei angehörte, aber ich erklärte ihm, daß ich Freunde in der Partei habe, denen ich den mir zu Ohren gekommenen politischen Klatsch gelegentlich erzählte. Es kam mir gar nicht in den Sinn, daß dies eine reichlich euphemistische Umschreibung für meine Zusammenarbeit mit Edgar und Paula war. Ich genoß bereits den Segen aller Bekehrungen: ein herrlich reines Gewissen.

Die Familie v. E. führte ein gesellschaftliches Leben und hatte oft Offiziere und Diplomaten als Gäste in ihrem Haus. Aus diesem Grund bat ich den jungen E., seine Ohren offenzuhalten und mir im Dienst der gemeinsamen Sache alle interessanten Neuigkeiten zu berichten – insbesondere Informationen über die Vorbereitung eines Angriffskrieges gegen die Sowjetunion durch Deutschland oder andere Mächte. Der junge Mann war stolz auf das in ihn gesetzte Vertrauen und versprach eifrigst, sein Bestes zu tun.

So wurden die Berichte, die ich Paula diktierte, eine Zeitlang viel lebhafter; sie waren voll von diplomatischem Klatsch, Gerüchten über die Wiederaufrüstung und über die in diesem Abschiedsjahr der Weimarer Republik zwischen den einzelnen Parteien gesponnenen komplizierten und selbstmörderischen Intrigen.

Ein kleiner Vorgang ist mir besonders deutlich in Erinnerung geblieben. Wochenlang hatte die kommunistische Parteipresse höhnisch davon gesprochen, daß die „sozialfaschistische" preußische Regierung nicht die geringste Absicht habe, irgend etwas gegen die Braunhemden zu unternehmen, obwohl diese mehr oder minder offen einen Putsch vorbereiteten. Eines Tages teilte Reiner, der diplomatische Korrespondent der „Vossischen Zeitung“, im Laufe einer vertraulichen Redaktionskonferenz mit, daß die preußische Polizei am nächsten Morgen um sechs Uhr eine überraschende Razzia auf das Hauptquartier der SA vornehmen, ihre Waffen und Archive beschlagnahmen und das Tragen der braunen Uniform verbieten werde. Ich leitete diese Nachricht in aller Eile an Paula und Edgar weiter. Die Aktion wurde planmäßig ausgeführt. Aber während ganz Berlin fiebernd die Möglichkeit eines Bürgerkrieges zwischen den Nationalisten und Sozialdemokraten erörterte, prangte auf unserer „Roten Fahne“ die gewohnte hämische Überschrift, die sozialdemokratische Regierung toleriere den Nationalsozialismus. Wieder einmal hatten wir uns vor aller Welt lächerlich gemacht.

Als ich mich bei Edgar erkundigte, warum man meine Warnung nicht beachtet habe, erklärte mir dieser, die Haltung der Partei gegenüber den Sozialdemokraten beruhe auf einer fest umrissenen, auf lange Sicht berechneten Politik, die durch einen kleinen Zwischenfall wie diesen nicht umgestürzt werden könne. „Aber jedes Wort auf der Titelseite wird von den Tatsachen widerlegt“, wandte ich ein. Edgar setzte ein nachsichtiges Lächeln auf. „Du siehst die Dinge immer noch vom mechanistischen Gesichtspunkt aus“, sagte er und gab mir dann eine dialektische Interpretation der Tatsachen. Die Aktion der Polizei stelle lediglich ein heuchlerisches Manöver dar, mit dem die Sozialdemokraten ihr Einvernehmen mit den Nazis verbergen wollten; selbst wenn einige sozialdemokratische Führer „subjektiv“ antifaschistisch denken sollten, so sei doch die Sozialdemokratische Partei „objektiv“ ein

Werkzeug des Nationalsozialismus und der Hauptfeind der Arbeiterklasse, die sie gespalten habe. Nur um mein Gesicht zu wahren, warf ich – schon vollkommen überzeugt – noch ein, daß es doch eigentlich die KPD gewesen wäre, die sich im Jahre 1919 von den Sozialdemokraten abgespalten habe. „Das ist wieder der mechanistische Gesichtspunkt", erwiderte Edgar. „Rein formal waren wir in der Minderheit, aber wir verkörperten die revolutionäre Mission des Proletariats. Indem sie sich weigerten, uns zu folgen, haben die sozialdemokratischen Führer die Arbeiterklasse gespalten und sich zu Lakaien der Reaktion gemacht."

Geistige Assimilation

Allmählich lernte ich, meiner mechanistischen Voreingenommenheit für Tatsachen zu mißtrauen und die Welt um mich herum im Licht der dialektischen Interpretation zu sehen. Es war ein höchst befriedigender Zustand der Gnade; denn hatte man sich einmal die richtige Technik angeeignet, so gab es keine störrischen Tatsachen mehr; sie nahmen automatisch die gewünschte Farbe und Gestalt an und fügten sich willig in den vorbestimmten Rahmen. Die Partei war sowohl moralisch als auch logisch unfehlbar: moralisch, weil ihre Ziele richtig waren, d. h. der Dialektik der Geschichte entsprachen, und diese Ziele rechtfertigten alle Mittel; logisch, weil die Partei die Vorhut des Proletariats war und das Proletariat die Verkörperung des aktiven Prinzips in der Geschichte darstellte. Die Gegner der Partei, von den offenen Reaktionären bis zu den Sozialdemokraten, waren Produkte ihres sozialen Milieus, ihre Ideen spiegelten die Verzerrungen der bürgerlichen Gesellschaft wider. Von der Partei Abtrünnige waren verlorene Seelen, die sich der Gnade begeben hatten. Mit ihnen zu diskutieren oder auch nur ihnen zuzuhören, hieß mit dem Teufel paktieren.

Die Tage der Weimarer Republik waren gezählt; jedes Mitglied der deutschen KP war bereits für Dachau, Oranienburg oder ein ähnliches Schicksal vorgemerkt. Aber wir lebten in einem Nebel dialektischer Trugbilder, die uns die Welt der Wirklichkeit verbargen. Die Faschisten waren natürlich Bestien, doch unsere Hauptsorge galt den trotzkistischen Ketzern und sozialistischen Schismatikern. Im „Roten

Volksentscheid" von 1931 hatten Kommunisten und Nationalsozialisten in trauter Gemeinschaft gegen die sozialdemokratische preußische Regierung gestimmt; 1932 reichten sie sich beim Berliner Transportarbeiterstreik wieder die Hand. Heinz Neumann, der glänzende junge KPD-Führer, der die Losung „Schlagt die Faschisten, wo ihr sie trefft" geprägt hatte, fiel in Ungnade, um etwas später in Rußland liquidiert zu werden, und die Parteilinie zuckte ratlos hin und her in den Vorwehen des Hitler-Stalin-Paktes. Doch die Partei hatte verkündet, daß dieses Jahr 1932 den Triumph der proletarischen Revolution in Deutschland bringen würde; und da wir den wahren Glauben hatten, der göttliche Verheißungen nicht mehr ganz ernst nimmt, waren wir alle fröhlich und wohlgemut.

Kompetenzschwierigkeiten

Eines Tages stellte mir Edgar die beiläufige Frage, ob ich je in Japan gewesen sei. Ich verneinte. Ob ich nicht Lust hätte, nach Japan zu gehen? Nun ja, ich reiste gern. Könnte ich, fragte er weiter, die Ullsteins nicht veranlassen, mich als ihren Korrespondenten nach Japan zu entsenden? Ich erklärte ihm, daß wir in Tokio unseren festen Redaktionsstab hätten und daß ich keinerlei Vorbildung für diesen Posten besäße. „Du könntest aber", meinte Edgar sanft, „der Partei in Japan nützlicher sein als hier. Könntest du dich nicht von irgendeinem anderen Blatt dorthin schicken lassen?" Ich gab zur Antwort, das würde sehr schwierig sein; und was sollte ich denn ausgerechnet in Japan? Edgar schien diese Frage als taktlos zu betrachten. Nun, meinte er, ich würde natürlich meiner journalistischen Arbeit nachgehen, so wie hier, und weiterhin Informationen, die für die Partei von Bedeutung waren, an Freunde weiterleiten, mit denen man mich zusammenbringen werde. Ob ich mir die Angelegenheit nicht durch den Kopf gehen lassen wolle? Ich sagte, es gebe da nicht viel zu überlegen – wenn die Partei es wünsche, würde ich sofort gehen, aber die Aussichten, einen ernsthaften journalistischen Auftrag zu erhalten, seien gleich Null. Edgar dachte einen Augenblick nach, dann sagte er: „Wenn wir dir den Auftrag durch unsere Verbindungen verschaffen, würdest du annehmen?" Und wieder bat er mich, die Angelegenheit zu überdenken. Ich wiederholte, daß es für mich nichts zu überlegen gebe; wenn die Partei es wünsche, würde ich gehen. Edgar erwiderte, er werde mir in einigen Tagen

Bescheid geben, und ließ das Thema fallen. Er kam nie wieder darauf zu sprechen, und da mir die Parteietikette bereits in Fleisch und Blut übergegangen war, stellte ich auch keine Fragen mehr.

Einige Zeit später ereignete sich ein anderer kurioser Vorfall. Eines Tages sprach ein Fräulein Meyer in meinem Redaktionszimmer vor. Auf dem Anmeldeformular, das jeder Besucher ausfüllen mußte, hatte sie unter „Zweck des Besuches" „Alter Freund" hingekritzelt. Sie war ein schmächtiges Mädchen mit einem spitzen, nervösen Gesicht, das ich nie zuvor gesehen hatte; aber ihre betont schlampige Art, sich zu kleiden, und ihre herausfordernde Haltung beim Betreten des Zimmers verrieten sie sogleich als Genossin. Sie war gekommen, um mich zu fragen, ob ich den Posten des „verantwortlichen Redakteurs" bei einer neugegründeten Presseagentur annehmen wolle. Nach deutschem Recht mußte damals jede Publikation einen solchen Redakteur aufweisen, der für den Inhalt den Behörden gegenüber die Verantwortung trug. Bei kleinen Zeitschriften und reinen Konjunkturprodukten hatte der „verantwortliche Redakteur" oft nicht das geringste mit der Redaktion zu tun; er war lediglich eine kreditwürdige Person, die ihren Namen zu diesem Zweck hergab.

Ich bat Fräulein Meyer, mich über die Ziele, Hintermänner und so weiter dieser Presseagentur, von der ich noch nie gehört hatte, aufzuklären. Sie zuckte ungeduldig mit den Schultern: „Aber verstehen Sie denn nicht? Ich bin von unseren gemeinsamen Freunden geschickt worden: es ist eine bloße Formalität, daß Sie unterschreiben." – „Welche gemeinsamen Freunde?" fragte ich mit der Vorsicht des Verschwörers. Sie wurde noch ungeduldiger und fast unhöflich. Sie war der Typ des neurotischen Aschenbrödels, der enttäuschten und zur „freiwilligen Proletarierin" gewordenen Bürgerstochter, von dem es in der KPD geradezu wimmelte. Ich bat sie, die Namen der Freunde zu nennen, von denen sie geschickt worden sei. „Ach, Georg natürlich“, sagte sie zögernd, wobei sie mein Büro musterte, als suche sie nach verborgenen Mikrophonen. Nun waren damals Ernst, Edgar und Paula meine einzigen Parteiverbindungen; ich kannte keinen Georg und sagte ihr das, worauf Fräulein Meyer wild wurde. „Ich habe keine Lust, mit Ihnen meine Zeit zu verschwenden!“ zischte sie und rauschte aus dem Zimmer.

Bei meiner nächsten Begegnung mit Paula erwähnte ich den Zwischenfall. Sie schien leicht erstaunt und versprach, die Sache aufzuklären. Als wir uns dann wieder trafen, behauptete sie jedoch, noch keine Zeit für ihre Rückfrage gehabt zu haben, und bei der übernächsten Verabredung beantwortete sie meine Frage mit einem mißmutigen Achselzucken und der Bemerkung, es müsse sich um eine Verwechslung handeln, und ich solle die Angelegenheit lieber vergessen.

Ich erlebte noch mehrere solcher Zwischenfälle, die alle merkwürdig sinnlos erschienen. Vielleicht sollte mich Edgars Japan-Vorschlag nur auf eine psychologische Probe stellen; vielleicht wollte er persönlich mich auch wirklich nach Tokio schicken, während seine Vorgesetzten mir nicht trauten. Möglicherweise kam Fräulein Meyer wirklich von Edgar, der ihr vielleicht als Georg bekannt war (derartige hyperkonspirative Pannen kamen oft vor); möglicherweise gehörte sie auch zu einem anderen Parteiapparat, der mit Edgars Apparat rivalisierte und in seinen Kompetenzbereich einzudringen versuchte.

Bei dieser und bei anderen Gelegenheiten merkte ich wiederholt, daß der kommunistische Apparat lange nicht so tüchtig ist und mit viel beschränkteren Mitteln arbeitet, als seine verängstigten Gegner befürchten. Auf der anderen Seite kommen ihm drei psychologische Faktoren zugute, deren Bedeutung gewöhnlich unterschätzt wird: der Idealismus, die Naivität und die Skrupellosigkeit seiner freiwilligen Helfer.

Meine Verbindung mit Ernst Schnellers Apparat dauerte im ganzen zwei oder drei Monate. Sie war nur ein peripherer Kontakt; aber die Tatsache, daß diese Verbindung so bald abbrach, daß ich nicht mit in den Strudel gezogen wurde und als richtiger Apparatschik endete (der in Parteikreisen übliche anheimelnde Euphemismus für Agenten und Spione), war nicht mein Verdienst. Was mich persönlich anging, war ich nur allzu bereit, mich mit Haut und Haar vom Apparat verschlingen zu lassen. Ich erwähne dies nicht aus irgendeinem Bekenntnisdrang heraus, sondern weil mein Fall – der eines damals jungen Menschen von durchschnittlicher mitteleuropäischer Herkunft, durchschnittlichem Idealismus und überdurchschnittlicher Erfahrung – typisch für unsere Zeit war. Wir linken Intellektuellen von damals stellten eine Art von Halbjungfrauen der Revolution dar: wir flirteten so lange mit der Idee der Gewalt, bis einer nach dem andern im ideologischen und moralischen Sumpf der Partei unterging.

Mein Bruch mit Ullstein

Was mich aus den Klauen des Apparats rettete, war, wie gesagt, nicht meine bessere Einsicht, sondern die naive Unschuld des jungen v. E. Ich habe bereits erwähnt, daß dieser einundzwanzigjährige Junge eine freundschaftliche Zuneigung für mich hegte, aus der ich für die Partei Kapital schlug. Einige Wochen hindurch ging alles gut; dann merkte ich an dem Verhalten v. E.s mir gegenüber eine gewisse Abkühlung, machte mir darüber aber keine besonderen Gedanken. Ein- oder zweimal äußerte er schüchtern, daß er sich gern einmal „lange und gründlich" mit mir aussprechen würde, aber ich war damals überarbeitet und unglücklich verliebt. Außerdem wurde mir die Rolle des marxistischen Gurus allmählich langweilig. So schob ich die „lange gründliche Aussprache" immer wieder auf. Diese Fahrlässigkeit wurde meine Rettung – wie im Falle des Passagiers, der das zum Absturz bestimmte Flugzeug verpaßt hat.

Eines Tages, als ich gerade einer Sekretärin Briefe diktierte, platzte v. E. ins Zimmer und bat mich um ein sofortiges Gespräch unter vier Augen. Er war unrasiert, hatte rote, verquollene Augen und sah so melodramatisch aus, daß die Sekretärin in gelinder Panik die Flucht ergriff.

„Was ist denn los?" fragte ich mit einer unangenehmen Vorahnung.

„Ich bin zu der Schlußfolgerung gekommen", sagte v. E., „daß ich mich entweder erschießen oder von unserer Tätigkeit Anzeige machen muß. Die Entscheidung liegt bei Ihnen."

„Von welcher Tätigkeit sprechen Sie überhaupt?" fragte ich.

„Von einer Tätigkeit, die man Hochverrat nennt", antwortete der junge v. E. mit Pathos.

Dann überstürzten sich seine Sätze. Vor einer Woche seien ihm plötzliche Bedenken hinsichtlich seiner „Zuträger-Rolle" gekommen. In der vergangenen, schlaflosen Nacht hätten sich diese Zweifel zur Gewißheit verdichtet; er sei ein Verräter und Spion. Die Alternative, vor der er stehe, sei, wie gesagt, entweder sich zu erschießen oder ein volles Geständnis abzulegen und die Folgen zu tragen.

Ich erklärte ihm, daß er völligen Unsinn rede, daß ein Spion ein Mensch sei, der militärische Unterlagen stehle oder Staatsgeheimnisse an eine fremde Macht verkaufe, während er weiter nichts verbrochen hatte, als einem Freund einigen Salonklatsch zuzutragen.

„Und was haben Sie mit den Informationen getan, die ich Ihnen gegeben habe?" fragte er mit einer mir an ihm neuen Aggressivität.

„Ich habe sie meinen Freunden weitererzählt – soweit sie der Mühe wert waren."

„Freunden! Sie meinen: ausländischen Agenten."

Ich erklärte ihm, daß die KPD die Partei der deutschen Arbeiterklasse und genauso deutsch sei wie die Nationalsozialisten oder das katholische Zentrum.

Nein, erwiderte v. E. hitzig, jedes Kind wisse, daß sie ein Werkzeug Sowjetrußlands sei.

Dummheit oder Scham?

Ich fragte mich erstaunt, was plötzlich in ihn gefahren sei. War er über Nacht Nationalsozialist geworden? Es zeigte sich jedoch, daß er seine politischen Sympathien nicht geändert hatte. Ihm wäre lediglich klargeworden, daß Sozialist sein und Informationen an eine fremde Macht weiterleiten zweierlei sei. Mit einem Achselzucken räumte er ein, daß wir im technischen Sinne wahrscheinlich keine Spione seien, was jedoch nichts an der Tatsache ändere, daß wir als ehrlose Verräter gehandelt hätten. Es sei ihm nicht möglich, weiterzuleben, ohne ein umfassendes Geständnis abgelegt zu haben, und er habe dieses Geständnis in der vergangenen Nacht niedergeschrieben. Er werde es aber nur mit meiner Zustimmung abschicken ...

Mit diesen Worten legte er einen langen, handgeschriebenen Brief auf meinen Schreibtisch. Er umfaßte insgesamt acht Seiten und war an den Verlagsdirektor gerichtet – v. E. forderte mich auf, ihn zu lesen.

Ich überflog die ersten zwei oder drei Zeilen: „Der Unterzeichnete hält es für seine Pflicht, Ihnen die folgenden Tatsachen zur Kenntnis zu bringen ...“ Dann fiel mir das Weiterlesen so schwer, daß ich aufhörte.

Der Junge, der vor meinem Schreibtisch stand – er hatte abgelehnt, sich hinzusetzen –, machte mit den schwarzen Bartstoppeln in seinem bleichen Gesicht und den geschwollenen, blutunterlaufenen Augen einen beängstigenden Eindruck. Er übertrieb natürlich die Bedeutung der ganzen Sache und genoß vielleicht unbewußt die Heldenrolle, die er spielte. Aber die meisten Selbstmorde werden aus ähnlich halbwüchsigen

Motiven begangen, und soweit ich ihn kannte, war er imstande, mit seiner melodramatischen Drohung Ernst zu machen.

Die Situation wirkte auf mich teils komisch, teils peinlich. Komisch war sie insofern, als mir der junge v. E. seine eigene Bedeutung und die Tragweite dessen, was wir getan hatten, maßlos zu übertreiben schien. Ich hatte noch immer das Gefühl, daß es sich dabei lediglich um eine nicht ganz ernst gemeinte politische Wichtigtuerei handelte. Und doch fühlte ich mich außerstande, mit ihm zu streiten oder auch nur den Brief zu lesen, obwohl dieser ja schließlich meine ganze Zukunft aufs Spiel setzte.

Als ich später Edgar die Sache erzählte, konnte ich ihm nicht erklären, warum ich den Brief nicht weitergelesen hatte. Und gerade das war aller Wahrscheinlichkeit nach der Grund dafür, daß der Apparat mich als einen hoffnungslosen Fall aufgab.

Heute läßt sich mein Verhalten natürlich leicht erklären: ich konnte es nicht über mich bringen, meinen Handlungen, die ich bisher stets durch einen Nebel dialektischer Euphemismen gesehen hatte, plötzlich schwarz auf weiß und ohne jede Verbrämung ins Gesicht zu sehen. Außerdem fühlte ich mich trotz meiner Überzeugung, daß v. E. ein Narr und Don Quichote sei, dem guten Jungen gegenüber schuldig und hatte Angst, der Wahrheit ins Gesicht zu sehen. So stopfte ich den Brief in seine Tasche zurück und erklärte ihm, er solle ihn ruhig abgeben – er habe meinen Segen – und sich zum Teufel scheren.

„Wollen Sie damit wirklich sagen, daß Sie einverstanden sind?" fragte der Junge. Er war so überrascht und ergriff so behende die Gelegenheit, daß ich einen Augenblick lang das Gefühl hatte, wirklich wie ein Idiot zu handeln: vielleicht könnte man ihm mit einigen dialektischen Argumenten die ganze Sache noch ausreden. Aber ich konnte mich nicht dazu aufraffen; mein Selbstvertrauen als Guru war dahin. Der junge Mann kam von der Tür zurück und schüttelte mir feierlich die Hand. Dann stürzte er davon. Er sah tatsächlich schon etwas weniger unrasiert aus.

Dies war das Ende meiner Karriere im Hause Ullstein und der Beginn von sieben mageren Jahren. Ich war darauf vorbereitet gewesen, meine Stellung für die Partei zu opfern; aber nicht auf eine so idiotische Art. Es war gleichzeitig auch das Ende meiner Verbindung mit dem Apparat. Da ich meine Nützlichkeit für ihn eingebüßt hatte, und zwar auf eine Weise, die meine völlige Unbrauchbarkeit für diese Art von Arbeit bewies, ließ man mich ohne Umschweife fallen. Ich habe Edgar oder Paula nie wiedergesehen. Paula wurde, wie ich später erfuhr, von den Nationalsozialisten in Ravensbrück umgebracht. Edgars richtiger Name und sein weiteres Schicksal sind mir bis auf den heutigen Tag unbekannt geblieben.

Die Art, in der man mich bei Ullstein hinauswarf, kann als ziemlich anständig oder als Musterbeispiel bourgeoiser Heuchelei bezeichnet werden, es kommt auf den Gesichtswinkel an.

Nachdem v. E. gegangen war, um seinen acht Seiten langen Brief abzugeben, erwartete ich jeden Augenblick, zum Verlagsdirektor Müller gerufen zu werden. Ich hatte meine Verteidigung vorbereitet: jawohl, ich hätte den Jungen gebeten, mir politischen Klatsch zu erzählen; jawohl, ich hatte diese Mitteilungen gelegentlich an Freunde in der KPD weitererzählt; was, zum Teufel, war dagegen einzuwenden? Ein jeder diskutierte über Politik und klatschte mit seinen Freunden; meine politischen Ansichten gingen den Verlag nichts an, solange sie nicht mit der Ausübung meiner beruflichen Pflichten in Konflikt gerieten usw. usw. Diese Taktik hatte Edgar vorgeschlagen; es klang alles so plausibel, daß ich, nachdem der erste Schock der Szene mit v. E. vorüber war, ungeduldig auf die bevorstehende Auseinandersetzung wartete, in der Überzeugung, das unschuldige Opfer politischer Verfolgung zu sein. Wenn man im Zwielicht eines Tiefsee-Aquariums lebt, ist es schwierig, Sein und Schein zu unterscheiden.

Es vergingen jedoch mehrere Tage, ohne daß etwas geschah. Dann fand ich eines Morgens, ungefähr zehn Tage nach der Szene mit v. E., auf meinem Schreibtisch einen Brief des Verlages vor. Darin wurde mir sehr höflich mitgeteilt, daß man mit Rücksicht auf die durch die Wirtschaftskrise unvermeidlich gewordenen redaktionellen Einschränkungen etcetera, etcetera auf meine Mitarbeit in der Redaktion verzichten müsse. Es bleibe mir überlassen, ob ich für die Ullstein-Blätter weiter als freier Mitarbeiter mit einer monatlichen Garantie schreiben oder eine Pauschalsumme zur Abdekkung der für den Rest meines Fünf-Jahres-Vertrages noch ausstehenden Gehälter empfangen wollte. Nicht ein Wort über v. E., über die Kommunistische Partei oder über einen Vertrauensbruch. Dem Verlag war anscheinend daran gelegen, einen Skandal zu verhüten.

Die Partei hatte denselben Wunsch, denn Edgar instruierte mich, die Abfindung zu akzeptieren und die Angelegenheit auf sich beruhen zu lassen. Das war meine letzte Unterredung mit Edgar; ich sah ihn nie wieder.

Flitterwochen mit der Partei

Nach dem Verlust meiner Stellung war ich endlich von allen Fesseln der bürgerlichen Welt befreit. Die mir vom Verlag gezahlte Abfindung schickte ich meinen Eltern. Sie reichte aus, um sie für zwei oder drei Jahre zu versorgen, wodurch ich bis zum unausbleiblichen Sieg der Revolution und dem Beginn der neuen Ära aller Verpflichtungen entledigt war. Zweihundert Mark behielt ich für mich, um die Fahrkarte nach Rußland bezahlen zu können, falls mir die Partei die Erlaubnis zur Emigration geben sollte.

Ich gab meine Wohnung im teuren Westend auf und zog in ein Mietshaus am Bonner Platz, das hauptsächlich von mittellosen linksradikalen Künstlern bewohnt wurde und als der „Rote Block" bekannt war. Die drei Monate, die ich dort verbrachte, stellen die glücklichste Periode in den sieben Jahren meiner Parteimitgliedschaft dar.

Nachdem ich meine Nützlichkeit für den Apparat verloren hatte, bestanden keine Bedenken mehr dagegen, daß ich in eine Zelle eintrat und das volle Leben eines regulären Parteimitgliedes führte. Tatsächlich hatte mir Edgar schon einige Zeit vor meinem Austritt aus dem Verlag erlaubt, unter meinem Decknamen Iwan Steinberg in die Zelle des Roten Blocks einzutreten. Dies stellte eine Art Belohnung für mein gutes Betragen dar und für die langen Berichte, die ich Paula diktiert hatte. Ich wohnte damals noch in Neu-Westend, mehrere Kilometer vom Bonner Platz entfernt; die Partei nahm deswegen wahrscheinlich an, daß mich am Bonner Platz niemand erkennen würde. Das war natür-

Zeppelin über dem Dom · Berlin um 1930

Stresemannstraße · Berlin um 1930

lich Unsinn – eine typische „Partei-Schlamperei“; denn der Rote Block war, wie gesagt, eine Künstler- und Schriftstellerkolonie. Als ich zum erstenmal in der Zelle auftauchte und lakonisch als das neue Mitglied Genosse Steinberg vorgestellt wurde, grinsten mir zur Begrüßung ein halbes Dutzend bekannte Gesichter entgegen.

Nach meinem Ausscheiden aus dem Ullstein-Verlag widmete ich mich mit Leib und Seele dem brüderlichen Leben in der Zelle. Diese umfaßte etwa zwanzig Mitglieder und kam regelmäßig ein- oder zweimal in der Woche zusammen. Wie alle anderen Parteizellen wurde sie von einem „Dreieck“ geleitet: dem „Pol.-Leiter“, dem „Org.-Leiter“ und dem „Agitprop“.

Unser Pol.-Leiter war Alfred Kantorowicz, nach dem Kriege Herausgeber der sowjetisch lizensierten Berliner Monatsschrift „Ost und West“. Er war damals ungefähr 30 Jahre alt, groß, hager, schielte etwas, schlug sich schlecht und recht mit Artikeln und Kritiken, hauptsächlich für die Ullstein-Presse, durch und plante seit Jahren den Meisterroman unserer Zeit, ein Werk, das nie das Licht der Welt erblicken sollte. Aber er war ein ausnehmend warmherziger Genosse und aufopfernder Freund; er besaß Anstand, Humor und Mut. Sein einziger Fehler war Mangel an Zivilcourage der Parteiobrigkeit gegenüber. Wir blieben während der Emigrantenjahre in Paris gute Freunde; als ich mit der Partei brach, war er der einzige, der nicht über mich herfiel.*

Heute ist er ein literarischer Bonze – möge ihn seine Unschuld und Biegsamkeit auch weiterhin davor be-

* Später (1950) hat er es denn doch getan – in „Briefe an einen jungen Deutschen“, einem Buch, das ein erschütterndes Beispiel dafür darstellt, wie die Selbstentwürdigungsmühle der Partei auch einen im Grunde anständigen Charakter am Ende doch kleinkriegt.

Potsdamer Platz, Berlin

wahren, daß er jemals in die Schlingen des konterrevolutionären Formalismus, des bürgerlichen Kosmopolitismus, des verrotteten Liberalismus oder gar des neo-kantianischen Banditentums gerät.

Unser Org.-Leiter war Max Schröder, ebenfalls ein *littérateur*, der von den Lorbeeren lebte, die er einst als Neunzehnjähriger mit der Veröffentlichung einiger bemerkenswerter Gedichte geerntet hatte. Auch er war ein anständiger Kerl, der liebenswerte Typ des Münchener Bohemiens, der mit seiner völligen Hingabe an die Partei seine literarischen, erotischen, finanziellen und sonstigen Mißgeschicke kompensierte.

Der Posten des Agitprop fiel bald nach meinem Eintritt in die Zelle mir zu; nach den Artikeln für die „B. Z." war es erquickend, Flugblätter mit jakobinischem Pathos zu fabrizieren.

Von den anderen Mitgliedern der Zelle ist mir Dr. Wilhelm Reich im Gedächtnis geblieben, der Gründer und Leiter des Instituts für Sexualpolitik. Er war freudianischer Marxist; von Malinowski angeregt, hatte er gerade ein Buch veröffentlicht, das den Titel „Die Funktion des Orgasmus" trug und in dem er die Theorie aufstellte, die sexuellen Hemmungen des Proletariats verhinderten die Entfaltung seines politischen Bewußtseins; nur durch eine volle, ungehemmte Entladung des Sexualtriebes könne die Arbeiterklasse ihr revolutionäres Potential und ihre Sendung verwirklichen.

Nach Hitlers Machtergreifung veröffentlichte Reich eine glänzende Studie über die „Massenpsychologie des Faschismus", die jedoch von der Partei verurteilt wurde. Er brach mit der KPD und leitet heute ein wissenschaftliches Forschungsinstitut in den USA.

Des weiteren hatten wir zwei Schauspieler des Avantgarde-Theaters „Die Mausefalle", mehrere Mädchen mit vagen intellektuellen Ambitionen, einen Versicherungsagenten, den jungen Ernst, den Sohn des Obsthändlers an der Ecke, und einige Arbeiter-Genossen.

Zellenarbeit

Die Tätigkeit der Zelle hatte halb legalen, halb illegalen Charakter. Alle unsere Versammlungen begannen mit einem politischen Referat, das entweder vom Pol.-Leiter gehalten wurde, nachdem dieser auf der Bezirksleitung mit den nötigen Instruktionen versehen worden war, oder von einem „Instruktor" der Bezirksleitung selbst. Zweck dieser Vorträge war, die Parteilinie in bezug auf die verschiedenen Tagesfragen festzulegen.

Während jenes schicksalsschweren Frühlings und Sommers 1932 fand eine Reihe von Wahlen statt, die das Land wie Erdbeben erschütterten: die Reichspräsidentenwahl in zwei Wahlgängen, zwei Reichstagswahlen und eine Wahl zum Preußischen Landtag. All das innerhalb von acht Monaten und in einem Lande, das am Rande des Bürgerkrieges stand.

Unser Anteil an den Wahlkämpfen bestand darin, von Wohnungstür zu Wohnungstür zu gehen und Stimmen zu werben, Parteiliteratur zu verteilen und eigene Flugblätter herauszugeben.

Die Stimmenwerbung, genannt „Haus-Hof-Propaganda", war der schwierigste Teil. Wir zogen meist am Sonntagmorgen los, an dem die Leute gewöhnlich zu Hause waren. Wir klingelten, klemmten, sobald geöffnet wurde, den Fuß zwischen Tür und Schwelle und boten unsere Broschüren und Flugblätter an, was wir mit der freundlichen Einladung verbanden, auf der Stelle eine politische Diskussion zu beginnen. Wir hausierten mit der Weltrevolution wie mit Staubsaugern. Die Reaktion der Leute war meist unfreundlich, nur selten aggressiv. Mir wurde oft die Tür vor der Nase zugeworfen, aber es kam nie zu einer Schlägerei. Allerdings vermieden wir, an den Türen bekannter Nationalsozialisten zu klingeln. Die Nazis in unserem Häuserblock waren uns alle bekannt, wie auch die Nationalsozialisten ihre Listen der KP-Mitglieder des Bezirkes hatten. Die rivalisierenden Zellen- und Blockwartsysteme sorgten dafür. Das ganze Reich, Stadt und Land, war damals von diesen zwei feinmaschigen Netzen überzogen.

Ich glaube noch heute, daß wir ohne die ruckartigen Einmischungen Moskaus, die unser eigenes Netz immer wieder in Verwirrung brachten und unseren Händen entrissen, gute Aussicht gehabt hätten, zu gewinnen. Die große Idee, die nötige Opferbereitschaft und die Unterstützung der Massen waren da.

Primat der Dialektik

Dennoch verloren wir den Kampf. Denn wir hielten uns für Angler und waren in Wirklichkeit bloß der Köder am Haken. Das wurde uns nicht bewußt, weil unser ganzes Denken darauf trainiert worden war, jede noch so absurde Parole der Partei als Ausdruck unserer eigensten Wünsche und Überzeugungen hinzunehmen.

Wir hatten uns geweigert, mit den Sozialdemokraten bei der Präsidentenwahl einen gemeinsamen Kandidaten aufzustellen; und als die Sozialdemokraten Hindenburg als das kleinere Übel gegen Hitler unterstützten, nominierten wir Thälmann, obgleich es für ihn nicht die geringste Aussicht gab – es sei denn die Aussicht, daß er genügend proletarische Stimmen absplittern würde, um Hitler noch schneller an die Macht zu bringen. Aber unser Instruktor hielt ein Referat, in dem er uns bewies, daß es kein „kleineres Übel" gebe, daß die Parole des „kleineren Übels" auf einem philosophischen, strategischen und taktischen Trugschluß beruhe und eine diversionistische, liquidatorische und konterrevolutionäre Lüge sei. Und folglich hatten wir für jeden, der diesen ominösen Ausdruck auch nur in den Mund nahm, von jetzt an nichts als Mitleid und Verachtung übrig. Ja mehr noch, wir waren überzeugt, daß wir selbst den Begriff des kleineren Übels schon immer für eine Erfindung des Teufels gehalten hatten. Wie konnte es nur irgend jemandem entgehen, daß es besser war, sich beide Beine amputieren zu lassen, als wenigstens eines zu retten? Und daß die korrekte revolutionäre Politik darin bestand, der verkrüppelten Republik die Krücken wegzustoßen? Der Glaube ist ein wundersames Ding: er kann nicht nur Berge versetzen, er kann den Gläubigen auch überzeugen, daß ein Hering ein Rennpferd ist.

Nicht allein unser Denken, auch unsere Sprache und Ausdrucksweise wurde völlig umdressiert. Gewisse Worte waren absolut tabu – z. B. „kleineres Übel" oder „spontan", das letztere, weil „spontane Äußerungen des revolutionären Klassenbewußtseins" zu der trotzkistischen Theorie der permanenten Revolution gehörten. Andere Ausdrücke wiederum wurden zu bevorzugten Haushaltsworten in unserem Vokabular. Ich denke dabei nicht nur an den typischen kommunistischen Jargon mit seinen „werktätigen Massen", sondern auch an Worte wie „konkret" oder „sektiererisch". („Du mußt deine Frage in einer konkreten Form stellen, Genosse!" „Du nimmst eine linkssektiererische Haltung ein, Genosse!")

Eines unserer ausgefallensten Lieblingsworte war „herostratisch". In einem seiner Werke hatte Lenin den Griechen Herostratos erwähnt, der einen Tempel niederbrannte, weil ihm nichts anderes einfiel, um zu Ruhm zu gelangen. Also hörte und las man in unserer Literatur häufig Wendungen wie: „der verbrecherische, herostratische Wahnsinn der konterrevolutionären Saboteure an den heroischen Anstrengungen der werktätigen Massen im Vaterland des Proletariats, den zweiten Fünfjahresplan in vier Jahren zu erfüllen ...".

An seinem Vokabular und bevorzugten Klischees konnte man sofort feststellen, ob jemand trotzkistischer, reformistischer, brandleristischer, blanquistischer oder anderer Abweichungen schuldig war. Umgekehrt haben sich die Kommunisten durch ihren Wortschatz oft der Polizei und später der Gestapo verraten. Mir ist der Fall eines Mädchens bekannt, das von der Gestapo aufs Geratewohl geschnappt worden war und das sich, obwohl sonst keine Beweise vorlagen, durch das kleine Wort „konkret" verriet. Der Gestapo-Kommissar hatte sie gelangweilt verhört, schon halb überzeugt, daß seine Untergebenen mit ihrer Verhaftung einen Fehlgriff getan hätten – bis sie das fatale Wort zum zweiten Male gebrauchte. Der Kommissar spitzte seine Ohren: „Wo haben Sie diesen Ausdruck her?" wollte er wissen. Das Mädchen, das sich bis zu diesem Augenblick gut in der Gewalt hatte, begann zu stottern; und nachdem man einmal Verdacht geschöpft hatte, war sie verloren.

Ebenso wurde unser literarischer, künstlerischer und musikalischer Geschmack umdressiert und „neu ausgerichtet". Lenin hatte irgendwo gesagt, er habe aus den Romanen Balzacs mehr über Frankreich gelernt als aus allen Geschichtsbüchern zusammengenommen. Also war Balzac der größte Schriftsteller aller Zeiten, während andere Romanciers der Vergangenheit nur „die verzerrte Welt der verfaulenden Gesellschaftsordnung widerspiegelten, deren gesellschaftliches Produkt sie waren".

An der Kunstfront galt in dieser Periode die „Revolutionäre Dynamik" als Leitprinzip. Ein Bild, auf dem kein rauchender Schornstein oder Traktor zu sehen war, war eine „Ablenkung vom Klassenkampf". Aber diese Linie ließ wenigstens noch dem Kubismus, dem Expressionismus und anderen experimentellen Stilen genügend Raum. Das sollte einige Jahre später anders werden, als die „Revolutionäre Dynamik" dem „Sozialistischen Realismus" Platz machte. Von diesem Augenblick an wurde alles Moderne und Experimentelle als „bürgerlicher Formalismus" gebrandmarkt, der die „faulige Korruption des kapitalistischen Verfalls" zum Ausdruck bringe. In der Musik wie auf dem Theater wurde damals der Chor als höchste Ausdrucksform angesehen, weil er, im Gegensatz zum bürgerlich-individualistischen, ein kollektives Element verkörperte. Da die dramatische Einzelfigur nicht völlig von der Bühne verbannt werden konnte, mußte sie stilisiert, typisiert und entpersönlicht werden (siehe Meyerhold, Piscator, Brecht, Auden, Isherwood, Spender). Die Psychologie wurde auf erfreuliche Weise vereinfacht; es gab im Grunde bloß zwei anerkannte Gefühlsimpulse: Klassensolidarität und Sexualtrieb. Alles übrige galt entweder als „bürgerliche Metaphysik“ oder, wie Ehrgeiz und Machtstreben, als „Produkt der kapitalistischen Konkurrenzwirtschaft“.

Was den Sexualtrieb anging, so waren wir uns, obwohl man ihn offiziell sanktioniert hatte, nicht ganz klar, welche Haltung wir ihm gegenüber einnehmen sollten. Die Monogamie und die Institution der Familie waren Produkte des überlebten Wirtschaftssystems; sie förderten Individualismus und Heuchelei, waren eine Ablenkung vom Klassenkampf und daher grundsätzlich abzulehnen; die bürgerliche Ehe war lediglich eine von der Gesellschaft sanktionierte Form der Prostitution.

Aber die freie Liebe war ebenfalls nichts Gutes. Sie hatte sich in der Partei, sowohl in Sowjetrußland wie in den anderen Ländern, großer Beliebtheit erfreut, bis Lenin schließlich seine berühmte Erklärung gegen die „Glas-Wasser-Theorie“* abgab. Mithin war die bürgerliche Moral ebenso zu verwerfen wie die freie Liebe, und die einzige korrekte, konkrete Haltung gegenüber dem Sexualtrieb war die „proletarische Moral“. Diese bestand darin, sich brav zu verheiraten, seinem Ehegespons die Treue zu halten und soviel proletarische Kinder wie möglich zu zeugen. Aber war das denn nicht dasselbe wie die bürgerliche Moral? – Diese Frage, Genosse, zeigt, daß du in mechanistischen und nicht in

* Das war die Theorie, daß dem Sexualakt keine größere Bedeutung beizumessen sei als dem Löschen des Durstes durch ein Glas Wasser.

dialektischen Begriffen denkst. Was ist der Unterschied zwischen einer Pistole in der Hand eines Polizisten und einer Pistole in der Hand eines Mitglieds der revolutionären Arbeiterklasse? Der Unterschied zwischen einer Pistole in der Hand eines Polizisten und einer Pistole in der Hand eines Mitglieds der revolutionären Arbeiterklasse ist, daß der Polizist ein Lakai der herrschenden Klasse und seine Pistole somit ein Werkzeug der Unterdrückung ist, während dieselbe Pistole in der Hand eines Revolutionärs ein Mittel zur Befreiung der unterdrückten Massen wird. Dasselbe gilt für den Unterschied zwischen der sogenannten bürgerlichen und der proletarischen Moral. Die Institution der Ehe, die in der kapitalistischen Gesellschaft lediglich die Verrottung der bürgerlichen Moral widerspiegelt, wird in einer gesunden proletarischen Gesellschaft durch einen dialektischen Funktionswechsel verwandelt. Hast du das verstanden, Genosse, oder soll ich meine Antwort in konkreterer Form wiederholen?

Wiederholungen in der Diktion; die Katechismustechnik, eine rhetorische Frage zu stellen und sie bis auf den letzten Buchstaben in der Antwort zu wiederholen; der Gebrauch von stereotypen Adjektiven und das Abtun aller unbequemen Meinungen und Tatsachen durch den einfachen Kniff, sie mit Anführungsstrichen zu versehen und auf diese Weise in einen ironischen Tonfall zu kleiden (die „revolutionäre" Vergangenheit Trotzkis, das „humanistische" Geblök der „liberalen" Presse usw.) – all das zusammen ergab jenen Stil, dessen unbestrittener Meister Josef Djugaschwili ist, und der allein schon durch seine Monotonie eine einschläfernde und hypnotische Wirkung erzeugte. Zwei Stunden dieses dialektischen Tamtams genügten, um einen vergessen zu lassen, ob man ein Männchen oder ein Weibchen war – man war dann bereit, das eine oder andere zu glauben, sobald die falsche Alternative zwischen ironischen Gänsefüßchen erschien.

Man war so auch zu glauben bereit, daß die Sozialdemokraten a) den Hauptfeind darstellten und b) natürliche Verbündete waren; daß die sozialistischen und kapitalistischen Länder a) friedlich nebeneinander leben und b) unmöglich friedlich nebeneinander leben konnten; und daß, als Engels schrieb, daß der „Sozialismus in einem Lande“ unmöglich sei, er genau das Gegenteil gemeint hatte. Man lernte außerdem, mit Hilfe von Kettenschlüssen zu beweisen, daß jeder, der eine andere Meinung als die eigene vertrat, ein Agent des Faschismus war, weil er a) durch seine abweichlerischen Ansichten die Einheit der Partei gefährdete, b) durch diese Gefährdung der Parteieinheit die faschistischen Siegesaussichten erhöhte und daher c) „objektiv“ als Agent des Faschismus handelte, selbst wenn ihm die Faschisten „subjektiv“ in Dachau die Nieren zu Brei geschlagen haben sollten. Begriffe wie „Agent des ...“, „Demokratie“, „Freiheit“ usw. hatten im Parteijargon eine völlig andere Bedeutung als im üblichen Sprachgebrauch, und da sie selbst innerhalb der Partei mit jeder Änderung der offiziellen Linie einen neuen Sinn annahmen, glichen unsere polemischen Methoden der Krocket-Partie der Herzkönigin in „Alice im Wunderland“, bei der sich die Tore selbständig über das Feld bewegen und die Kugeln aus lebenden Igeln bestehen. Der einzige Unterschied war der, daß hier, wenn ein Spieler seinen Einsatz verpaßte und die Herzkönigin „Kopf ab!“ rief, der Befehl auch wirklich ausgeführt wurde. Wer sich in der Partei halten wollte, mußte ein Künstler dieses Wunderland-Krockets werden.

Proletarier und Intellektuelle

Eine besondere Eigenart des damaligen Parteilebens war die Verehrung alles Proletarischen und die Verachtung der Intellektuellen. Wir kommunistischen Intellektuellen bürgerlicher Herkunft waren in der Partei geduldet, aber wenig geschätzt; und diese Tatsache wurde uns Tag und Nacht unter die Nase gerieben. Wir wurden geduldet, weil Lenin es so gewollt hatte und weil Sowjetrußland nicht ohne die Ärzte, Ingenieure und Wissenschaftler der vorrevolutionären Intelligenz und ohne die verhaßten ausländischen Spezialisten auskommen konnte. Aber es wurde uns nicht mehr Vertrauen und Respekt entgegengebracht als der Kategorie „nützlicher“ Juden im Dritten Reich, die man mit besonderen Armbinden versah, damit sie nicht durch ein Versehen in die Gaskammern geschoben wurden, ehe die Zeit ihrer Nützlichkeit vorbei war. Der Proletarier nahm in der KPD gewissermaßen die Stellung der „Arier“ ein, und die soziale Herkunft der Eltern und Großeltern war bei der Aufnahme in die Partei wie bei den regelmäßigen Säuberungsaktionen ein ebenso gewichtiger Faktor wie der arische Stammbaum bei den Nationalsozialisten. Der ideale Proletarier war der russische Fabrikarbeiter, die Crème de la crème die Arbeiterschaft der Leningrader Putilow-Werke und der Ölfelder von Baku.

In allen Büchern, die wir lasen oder schrieben, war der ideale Proletarier stets breitschulterig, mit einem offenen Gesicht und einfachen Zügen dargestellt. Er hatte ein vollentwickeltes Klassenbewußtsein und einen wohlbeherrschten Sexualtrieb; er war stark und schweigsam, warmherzig, aber wenn nötig auch hart; er hatte große Füße, schwielige Hände und eine tiefe Stimme, mit der er revolutionäre Lieder sang. Proletarier, die nicht Kommunisten waren, waren keine echten Proletarier – sie gehörten entweder zum Lumpenproletariat oder zur Arbeiteraristokratie. Keine Bewegung kann ohne einen heroischen Archetypus leben: Genosse Iwan Iwanowitsch von den Putilow-Werken war unser Buffalo Bill.

Ein Angehöriger der Intelligenz konnte niemals ein richtiger Proletarier werden, aber es war seine Pflicht, sich soweit wie möglich darum zu bemühen. Einige versuchten es, indem sie auf die Krawatte verzichteten, Rollkragenpullover und schwarze Ränder an den Fingernägeln trugen. Das wurde jedoch verurteilt; es war Snobismus und Hochstapelei. Der richtige Weg bestand darin, nichts zu schreiben, zu sagen oder vor allem zu denken, was nicht jeder Müllkutscher verstehen konnte. Wir warfen wie Passagiere auf einem sinkenden Schiff alles geistige Gepäck fort, bis es auf das unbedingt erforderliche Minimum an gängigen Phrasen, dialektischen Klischees und marxistischen Zitaten zusammengeschrumpft war, aus dem das internationale Djugaschwili-Rotwelsch besteht.

Das verwerfliche Privileg, eine bürgerliche Erziehung genossen zu haben, die Fähigkeit, einem Problem mehr als eine Seite abgewinnen zu können, wurde zum Anlaß ständiger Selbstvorwürfe. Wir sehnten uns verzweifelt nach der heiligen Einfalt des Genossen Iwan Iwanowitsch. Geistige Selbstkastration war ein geringer Preis für das Glück, ihm auch nur entfernt ähnlich zu sein.

Was ist eine Diskussion?

Aber zurück zum Leben in unserer Zelle. Die Versammlungen begannen, wie schon gesagt, mit einem politischen Referat – zuweilen waren es auch zwei –, in dem die Parteilinie festgelegt wurde. Dem folgte eine Diskussion etwas merkwürdiger Art. Es ist ein Grundgesetz der kommunistischen Disziplin, daß jede Kritik an einem Parteibeschluß, sobald dieser gefaßt ist, als abweichlerische Sabotage anzusehen ist. Rein theoretisch ist es statthaft, vor einer Entscheidung über diese zu diskutieren. Da aber alle Entscheidungen von oben herab getroffen wurden, gleichsam aus dem blauen Himmel, ohne daß irgendeine Körperschaft der Mitgliedermassen befragt wurde, waren die Massen jeden Einflusses auf die Politik der Führung und sogar der Möglichkeit beraubt, ihre Meinung darüber auszudrükken; die Führung andererseits besaß kein Mittel, die Stimmung der Massen zu erkunden. Eine der Losungen in der KPD lautete: „An der Front wird nicht diskutiert." Eine andere besagte: „Wo immer ein Kommunist sein mag, er ist immer an der Front."

Dementsprechend zeichneten sich unsere Diskussionen stets durch völlige Einstimmigkeit der Ansichten aus und verliefen so, daß ein Zellenmitglied nach dem anderen aufstand und in gutem Djugaschwilesisch zustimmende Variationen zu dem vom Referenten angeschlagenen Thema vortrug. Wir bemühten unseren Geist verzweifelt, nicht nur Rechtfertigungen für die festgelegte Parteilinie zu finden, sondern auch uns selbst zu beweisen, daß wir schon immer der geforderten Meinung gewesen waren; und in den meisten

Fällen gelang uns das auch. Ich mag zuerst etwas befremdet gewesen sein, als uns eines Tages vom Instruktor mitgeteilt wurde, daß bei den kommenden Wahlen zum Preußischen Landtag die Hauptlosung der Partei nicht die sieben Millionen deutschen Arbeitslosen oder die von den Braunhemden drohende Gefahr betraf, sondern die „Verteidigung des chinesischen Proletariats gegen die Aggression der japanischen Piraten". Ich bin mir heute allerdings nicht einmal mehr sicher, ob ich wirklich befremdet war. Sicher bin ich mir nur, daß ich aufrichtigen Herzens ein beredtes Wahlflugblatt verfaßte, das den Nachweis führte, warum die Ereignisse in Schanghai für die deutsche Arbeiterklasse größere Bedeutung besaßen als die Vorgänge in Berlin; und der anerkennende Klaps auf die Schulter, den ich von der Bezirksleitung dafür erhielt, läßt mein Herz noch heute höher schlagen – dagegen kann ich nichts tun...

Die proletarischen Mitglieder der Zelle hörten sich mit mißtrauisch zusammengekniffenen Augen die Argumente an, mit denen wir Intellektuellen unsere Übereinstimmung begründeten. Dann pflegte, nach einigem Sich-in-die-Rippen-Stoßen, einer von ihnen aufzustehen, um in absichtlich unbeholfener Art die Losungen aus dem Referat des Instruktors zu wiederholen. Er wurde in feierlichem Schweigen angehört, setzte sich unter beifälligem Gemurmel seiner Zuhörer wieder hin, und der Instruktor wies dann in seinem Schlußwort darauf hin, daß von allen Rednern Genosse X das Problem am korrektesten und konkretesten formuliert habe.

Die Partei resigniert

Ich erwähnte bereits, daß der Sommer 1932 eine Übergangsperiode war: die Partei bereitete sich darauf vor, in die Illegalität zu gehen, und nahm eine Umgruppierung ihrer Kader vor. Wir konnten über Nacht verboten werden; alles mußte für diesen Notfall bereit sein. Sobald er eintrat, sollten alle Zellen aufgelöst und durch ein neues, das ganze Land umfassendes Organisationsgefüge, die sogenannten Fünfergruppen, ersetzt werden. Die bisherigen Zellen, deren Mitgliederzahl zwischen zehn und dreißig Genossen schwankte, waren für die konspirative Arbeit zu groß und boten zu viele Möglichkeiten für das Eindringen von Provokateuren und Spitzeln. Die Aufteilung der Kader in Fünfergruppen bedeutete eine organisatorische Dezentralisierung und eine entsprechende Verminderung des Risikos. Nur dem Führer der Gruppe sollten Namen und Anschriften der übrigen vier bekannt sein; und er allein wiederum hatte Verbindung mit der nächsthöheren Stelle der Parteihierarchie. Wurde er verhaftet, so konnte er lediglich die vier Angehörigen der Gruppe und seinen Verbindungsmann verraten.

So wurde jedes Parteimitglied, obschon die Zellen noch weiterarbeiteten, insgeheim einer Fünfergruppe zugeteilt, wobei man bemüht war, keine dieser Gruppen von der Zusammensetzung der anderen wissen zu lassen. Da wir jedoch alle Nachbarn im gleichen Wohnblock waren, wußten wir praktisch ganz genau, welche Gruppe heimlich in wessen Wohnung zusammenkam; und in der Nacht des Reichstagsbrandes, als Göring der Kommunistischen Partei den Todesstreich versetzte, sollte das ganze sorgfältig aufgebaute Gebäude überall im Reich wie ein Kartenhaus zusammenstürzen.

Doch damals vertrauten wir noch der konspirativen Schulung unserer Führer; und obgleich jeder von uns Bücher über die Technik des bewaffneten Aufstandes gelesen hatte, waren unsere kritischen Fähigkeiten doch bereits so stumpf geworden, daß niemand die katastrophale Bedeutung des Fünfergruppenplanes erkannte. Denn in Wirklichkeit konnten alle diese Vorbereitungen auf eine lange Periode in der Illegalität mit kleinen dezentralisierten Gruppen nur bedeuten, daß unsere Führer den Sieg des Nationalsozialismus als unvermeidlich ansahen. Und die Aufteilung der Kader in kleinere Einheiten deutete auch darauf hin, daß die Partei der Machtübernahme durch Hitler keinen offenen, bewaffneten Widerstand entgegensetzen würde, sondern sich statt dessen auf sporadische, örtlich begrenzte Kleinaktionen vorbereitete.

Kleinkrieg mit der SA

Doch wir, die große Masse der Parteimitglieder, verstanden diese Zeichen nicht zu deuten. Während jenes langen, erstickend heißen Sommers von 1932 trugen wir unsere Scharmützel mit den Nationalsozialisten aus.

Kaum ein Tag ging ohne einen oder zwei Tote vorüber. Hauptschlachtfelder waren die Bierstuben und verräucherten kleinen Kneipen in den Arbeitervierteln. Einige von ihnen dienten den Nationalsozialisten als Versammlungsort, einige wurden von uns als „Verkehrslokale" benutzt. Die falsche Kneipe zu betreten, kam einem Einbruch in feindliches Territorium gleich. Von Zeit zu Zeit pflegten die Nationalsozialisten eines unserer Verkehrslokale zusammenzuschießen. Das spielte sich nach dem klassischen Gangstervorbild Chicagos ab: ein Rollkommando von SA-Leuten fuhr langsam an der Kneipe vorbei und schoß durch die Schaufensterscheiben, um dann mit Vollgas abzuhauen. Uns standen sehr viel weniger Autos zur Verfügung als der SA, und Vergeltungsmaßnahmen wurden meist in gestohlenen oder von Sympathisierenden ausgeliehenen Wagen besorgt. Die Männer, die diese Aktionen durchführten, gehörten dem „Roten Frontkämpfer-Bund" an.

Mein eigener Wagen wurde mitunter von Genossen ausgeliehen, die ich nie zuvor gesehen hatte, und einige Stunden später zurückgebracht, ohne daß ich Fragen stellte oder Erklärungen erhielt. Es war ein winziger roter Fiat-Roadster, Modell 509, der auf den Namen „Malchen" hörte und für solche Zwecke denkbar schlecht geeignet war, aber in unserer Zelle besaß sonst niemand einen Wagen. „Malchen" war das letzte Andenken an meine bourgeoise Vergangenheit, das nun im Dienst der proletarischen Revolution stand. Ich brachte die Hälfte meiner Zeit damit zu, durch die Gegend zu fahren und die verschiedensten Aufträge zu erledigen: wir transportierten Broschüren und Flugblätter, beschatteten gegnerische Fahrzeuge, deren Nummern uns mitgeteilt worden waren, und dienten als Sicherheitseskorte; einmal mußte ich die Bestandteile einer kompletten Handdruckmaschine von einem Bahnhof in den Keller eines Gemüsegeschäfts schaffen.

Die RFB-Genossen, die sich den Wagen für ihre Guerilla-Expeditionen abholten, waren manchmal ziemlich finstere Typen aus der Berliner Unterwelt. Sie wurden telephonisch oder mündlich von der Bezirksleitung angekündigt, aber selten tauchte derselbe Mann zweimal bei mir auf. Bisweilen erhielt ich bei harmloseren Missionen Befehl, selbst am Steuer zu sitzen. Wir fuhren dann langsam an einer Reihe von SA-Lokalen vorbei, um zu beobachten, was dort vorging, oder patrouillierten vor einem unserer eigenen Lokale, wenn uns ein Spitzel im Lager der Nationalsozialisten vor einem bevorstehenden Überfall gewarnt hatte. In solchen Fällen warteten wir dann mit abgestellten Scheinwerfern und laufendem Motor in der Nähe der Kneipe; sobald sich ein anderer Wagen näherte, vernahm ich das Klicken der Sicherungsflügel an den Pistolen meiner Fahrgäste und den freundlichen Rat, die „Bonie" einzuziehen. Aber es kam in meinem Beisein nie zu einer Schießerei.

Einmal trieben die RFB-Genossen, die meinen Wagen abholen kamen, die Vorsicht so weit, sich vor dem Aufbruch in meiner Wohnung zu verkleiden. Sie klebten sich falsche Schnurrbärte an, setzten sich Brillen und Melonen auf und zogen sich dunkle Jacken an. Ich sah ihnen nach, als sie abfuhren – vier stattliche Herren mit steifen Hüten in dem kleinen roten Auto, wie Teilnehmer an einer Beerdigungsprozession. Vier Stunden später waren sie zurück, zogen sich wieder normal an und verabschiedeten sich wortlos mit einem Händedruck. Falls meine Wagennummer bei einer dieser Aktionen von der Polizei aufgeschrieben worden wäre, hätte ich gesagt, der Wagen sei gestohlen und von mir in einer Seitenstraße wieder aufgefunden worden.

Von Zeit zu Zeit ging das Gerücht, die Nationalsozialisten beabsichtigten, unseren „Roten Block“ zu überfallen, wie sie bei früheren Gelegenheiten schon andere Hochburgen des Kommunismus angegriffen hatten. Wir wurden alarmiert, und einige RFB-Leute erschienen, um einen Wachdienst einzurichten.

In einer kritischen Nacht lagen ungefähr dreißig mit Pistolen, Bleirohren und Totschlägern bewaffnete Männer in meiner winzigen Wohnung in Bereitschaft. Es war zufällig am selben Abend, als mein Freund Ernst aus Wien zu einem mehrtägigen Besuch eintraf. Ernst war ein junger Wissenschaftler, von schüchternem Benehmen und einem messerscharfen Intellekt. Die Bude war blau von Zigarettenqualm, überall saßen oder lagen Männer herum – auf den Betten, am Boden, unter dem Ausguß in der Küche. Als ich an der Reihe war, auf der Straße auf und ab zu patrouillieren, nahm ich Ernst mit.

„Was soll diese ganze Räuberromantik?“ fragte er mich.

Ich erklärte es ihm.

„Ich weiß, ich weiß“, sagte er, „aber was hast du aus deinem Leben gemacht?“

„Ich helfe, die Revolution vorzubereiten“, erwiderte ich stolz und fröhlich.

Aktion „Wider den undeutschen Geist“ · Berlin, Mai 1933

NS-Studenten bei der „Sichtung“ der Bücher

Die nächtliche Veranstaltung auf dem Opernplatz

„Es sieht nicht danach aus“, sagte er.

„Warum?“

„Ich weiß nicht“, erklärte er zweifelnd, „ich habe natürlich keine Ahnung, wie Revolutionen gemacht werden. Aber die ganze Szene dort oben sieht eher aus wie das Lager einer geschlagenen Armee.“

Selbstmord durch Sturheit

Er hatte recht; wir hielten uns für den Vortrupp der Revolution und waren in Wirklichkeit die Nachhut der schon in Auflösung befindlichen Arbeiterbewegung. Wenige Wochen später, am 20. Juli, inszenierte von Papen seinen Staatsstreich: ein Leutnant und acht Mann jagten die sozialdemokratische preußische Regierung aus dem Amt. Die Sozialdemokratische Partei mit ihren über acht Millionen Anhängern rührte sich nicht. Die von ihr beherrschten Gewerkschaften rangen sich nicht einmal zu einem Proteststreik durch. Nur wir Kommunisten, die wir noch ein Jahr zuvor zusammen mit den Nationalsozialisten dieselbe preußische Regierung bekämpft hatten und die Sozialdemokraten immer wieder als Hauptfeind der Arbeiterklasse denunzierten – wir riefen jetzt zum sofortigen Generalstreik auf.

Unser Ruf stieß in ganz Deutschland auf taube Ohren. Unsere Losungen waren wie Inflationsgeld geworden; die Massen nahmen sie nicht mehr ernst. Und so verloren wir die Schlacht gegen Hitler, noch ehe sie begonnen hatte. Nach dem 20. Juli 1932 war es jedem außer uns selber klar, daß die KPD, die stärkste kommunistische Partei Europas, ein kastrierter Riese war, dessen Geprahle bloß dazu diente, seine Impotenz zu tarnen. Am Tage nach dem geplatzten Generalstreik verkündete die Parteipresse, er sei ein mächtiger Sieg gewesen; indem sie angesichts der sozialdemokratischen Untätigkeit zu diesem Streik aufgerufen habe, hätte unsere Partei den Verrat der sozialfaschistischen Führer ein für allemal bloßgestellt.

Einige Monate später war alles vorbei. Die jahrelange konspirative Schulung und all die sorgfältig geplanten Vorbereitungen für die Entscheidung erwiesen sich innerhalb weniger Stunden als völlig nutzlos. Der Koloß war auf tönernen Füßen gestanden und zerbrach wie ein Karnevalsungetüm. Thälmann, der Führer der Partei, und die Mehrzahl seiner engeren Mitarbeiter wurden schon in den ersten Tagen in ihren Verstecken aufgestöbert und verhaftet. Das Zentralkomitee emigrierte. Die lange Polarnacht senkte sich auf Deutschland herab. Sie hat auch heute, zwanzig Jahre danach, noch kein Ende genommen.

Doch jetzt, da Hitler an der Macht, Thälmann im Gefängnis war, Tausende von Parteimitgliedern ermordet und Zehntausende ins KZ verschleppt worden waren – jetzt endlich wurde sich die Komintern ihrer Verantwortung bewußt. Die Parteitribunale des Auslandes und die GPU-Kollegien in der Sowjetunion saßen erbarmungslos über den „inneren Feind“ zu Gericht – über die Banditen und Agenten des Faschismus, die gegen die offizielle Parteilinie muckten, derzufolge die Sozialdemokratische Partei noch immer Hauptfeind der deutschen Arbeiterklasse war und die Kommunistische Partei keine Niederlage erlitten, sondern lediglich einen strategischen Rückzug angetreten hatte.

Gewöhnlich versieht die Erinnerung die Vergangenheit mit einer romantischen Aureole. Hat man aber einem Glauben abgeschworen oder ist man von einem Freund verraten worden, so verhält es sich gerade umgekehrt. Im Lichte späterer Erkenntnis büßt das ursprüngliche Erlebnis seine Unschuld ein, es ist in unserem Gedächtnis ranzig geworden. Ich habe auf diesen Seiten versucht, die Stimmung wieder einzufangen, in der ich diese Ereignisse erlebt habe: ich bin mir bewußt, daß dies mißlungen ist. Scham, Zorn und Ironie mengen sich in die Darstellung ein; die Begeisterung von damals erscheint als klägliche Verwirrung, die innere Gewißheit jener Tage als die Phantasie eines Rauschgiftsüchtigen; auf den Tummelplätzen der Erinnerung liegt der Schatten des Stacheldrahts.

Wir alle, die wir uns von der großen Illusion unserer Zeit einfangen ließen und ihre moralischen und geistigen Ausschweifungen durchlebten, verfallen entweder dem entgegengesetzten Extrem oder sind zu einem lebenslänglichen Katzenjammer verurteilt. Daher auch der tiefe innere Widerstand des politischen Opiomanen gegen die Entwöhnungskur.

Meine Reise nach Sowjetrußland

Im Spätsommer 1932 wurde mir endlich das Einreisevisum für die Sowjetunion bewilligt. Ich erhielt es dank einer Einladung des „Internationalen Verbandes revolutionärer Schriftsteller“, das Land zu bereisen und ein Buch darüber zu schreiben. Das Buch sollte „Ein Bürger reist durch Sowjetrußland“ heißen und schildern, wie Herr K., ein bürgerlicher Reporter mit antisowjetischen Vorurteilen, durch die Erfolge des sozialistischen Aufbaus allmählich zum Kommunismus bekehrt wird und als Genosse K. heimkehrt.

Ich reiste sechs Monate vor der Machtergreifung Hitlers nach Sowjetrußland ab, ausgerüstet mit einer Empfehlung an die Genossin Gopner, die damals dem Agitprop des EKKI, des „Exekutivkomitees der Kommunistischen Internationale“, in Moskau vorstand. Das EKKI wiederum versah mich mit einem sogenannten „starken“ Brief, in dem alle sowjetischen Behörden ersucht wurden, mir bei der Erfüllung meiner Aufgabe als „Delegierter der revolutionären Schriftsteller Deutschlands“ beizustehen.

Ein Brief dieser Art hat in Sowjetrußland das Gewicht eines Staatserlasses. Er setzte mich instand, ohne Führer durch das Land zu reisen, Eisenbahnfahrkarten ohne Anstehen, Übernachtungsgelegenheiten in den Gästehäusern der Regierung und Mahlzeiten in den für Staatsbeamte reservierten Restaurants zu erhalten. Ich konnte meine Reiseunkosten decken und würde am Ende meines Aufenthaltes in der Sowjetunion noch mehrere tausend Rubel in der Tasche haben. Das ging auf folgende Art vor sich:

Wenn ich in einer Provinzhauptstadt ankam, sagen wir in Tiflis, ging ich zur örtlichen Schriftstellervereinigung, wo ich mein Schreiben von der Komintern hervorholte. Der Sekretär der Vereinigung arrangierte daraufhin die üblichen Bankette und Zusammenkünfte mit politischen Führern und Vertretern der Intelligenz, beauftragte jemanden, sich um mein Wohlbefinden zu kümmern, und brachte mich mit dem Chefredakteur der örtlichen Literaturzeitschrift und dem Direktor der staatlichen Verlagsgesellschaft zusammen – in diesem Falle also dem Verlagstrust der Georgischen Sowjetrepublik. Der Chefredakteur versicherte mir, es sei seit Jahren sein teuerster Wunsch gewesen, eine Erzählung von mir abzudrucken. Ich überreichte ihm daraufhin das Manuskript einer Novelle, die einige Zeit vorher in Deutschland veröffentlicht worden war, und erhielt am selben Tage einen Scheck über zwei- oder dreitausend Rubel ins Hotel geschickt. Der Direktor des staatlichen Verlagstrustes bat mich um das Privileg, eine georgische Übersetzung meines in Vorbereitung befindlichen Buches herausgeben zu dürfen; ich unterschrieb ein vorgedrucktes Vertragsformular und erhielt einen weiteren Scheck über drei- oder viertausend Rubel. (Der durchschnittliche Verdienst eines Lohnempfängers betrug damals 130 Rubel im Monat.)

Auf diese Weise verkaufte ich nicht nur dieselbe Erzählung an acht bis zehn verschiedene Literaturzeitschriften von Leningrad bis Taschkent, sondern auch die russischen, deutschen, ukrainischen, georgischen und armenischen Rechte auf mein noch ungeschriebenes Buch gegen Vorschüsse, die sich auf eine erhebliche Summe beliefen. Da ich hierzu offiziell ermuntert wurde und andere Schriftsteller dasselbe taten, konnte ich von ganzem Herzen bestätigen, daß Sowjetrußland das Paradies der Schriftsteller sei und daß der schöpferische Künstler nirgendwo sonst in der Welt besser bezahlt oder höher geschätzt werde. Und da die menschliche Natur nun einmal so ist, kam es mir niemals in den Sinn, daß ich die Verträge und die Barvorschüsse nicht wegen meines literarischen Rufes, sondern aus ganz anderen Gründen erhielt.

Schmiergelder

Ich hatte damals noch kein einziges Buch veröffentlicht; mein Name war denen, die so bereitwillig für eine noch ungelesene Erzählung und ein ungeschriebenes Buch in bar bezahlten, völlig unbekannt. Aber das tat nichts; es waren Staatsbeamte, die einem Befehl gehorchten. In einem Lande, wo sämtliche Veröffentlichungen dem Staat gehören, sind alle Redakteure, Verleger und literarischen Kritiker ipso facto Angestellte des Staates. Sie bekränzen einen Schriftsteller mit Lorbeer oder würgen ihn ab, je nachdem, wie der Befehl von oben lautet. Die Staatsverleger tun dies, indem sie riesige Auflagen seines neuen Buches drucken oder seine Werke einstampfen lassen; die Staatskritiker, indem sie ihn zu einem neuen Tolstoi oder einem kosmopolitischen Ungeziefer stempeln, oder auch, in einem Abstand von wenigen Monaten, zu beidem.

Der ausländische Durchschnittsautor, der in Sowjetrußland zu Besuch weilt, weiß von all dem nur recht wenig; und das wenige, das ihn seine Intuition vielleicht vermuten läßt, wird ihn seine Eitelkeit schnell vergessen machen. Die Leute, die er auf Banketten und Gesellschaften trifft, scheinen seine Werke auswendig zu kennen; er müßte ein Masochist mit einem Anflug von Verfolgungswahn sein, um zu erraten, daß sie für diese Gelegenheit besonders präpariert worden sind. Der staatliche Verlagstrust bietet ihm einen Vertrag für sein nächstes Buch an, samt einem Vorschuß in Höhe der Tantiemen für 150 000 verkaufte Exemplare. Wenn er sehr ehrlich ist, wird der geehrte Gast errötend eingestehen, daß dies ungefähr fünfzehnmal soviel Exemplare sind, als der Berechnung von Barvorschüssen bei bekannten europäischen Schriftstellern zugrunde liegen. Nun ja, erklärt ihm der Direktor mit einem Lächeln, das sei eben die Praxis der kapitalistischen Verleger. In der Sowjetunion jedoch gehörten alle Verlage dem Volk, und der Sowjetbürger kaufe im Durchschnitt 231,57 Prozent mehr Bücher als der Amerikaner; am Ende des zweiten Fünfjahresplanes werde man 365 Prozent und mehr erreichen. So sei es natürlich, daß geachtete Schriftsteller in der Sowjetunion statt wie in kapitalistischen Ländern in Dachkammern zu hausen, Zwei-Zimmer-Wohnungen mit eigener Toilette besitzen, nicht zu reden von ihren Autos und ihren Sommerhäusern. Unser Besucher ist von der Unterstellung, daß er in einer Dachkammer hause, etwas peinlich berührt; das aber ist, so versichert er sich, kleinbürgerliche Eitelkeit. Er unterschreibt den Vertrag und fährt einige Tage später wieder nach Hause, um zu verkünden, daß Sowjetrußland das Paradies der Schriftsteller sei, und daß schöpferischen Künstlern nirgendwo sonst in der Welt – und so weiter, und so weiter.

Obzwar er die Rubel nicht mitnehmen kann, da sie nicht konvertierbar sind, kann er einige ganz anständige Buchara-Teppiche einkaufen und den Rest des Geldes bei der Moskauer Staatsbank deponieren. Das verschafft ihm das angenehme Gefühl, einen kleinen Spargroschen im sozialistischen Sechstel der Erde auf der Kante liegen zu haben. In Ausnahmefällen ist der staatliche Verlagstrust sogar ermächtigt, einen Teil der Summe in die heimatliche Währung des Autors umzutauschen und sie ihm in monatlichen Raten zu überweisen.

Ich weiß von zwei deutschen Emigrantenschriftstellern in Frankreich, die jahrelang solche Schecks bezogen, obgleich der eine von ihnen nie ein Buch in Sowjetrußland veröffentlicht hat. Beide waren kluge und leidenschaftliche Kritiker der Korruption in den westlichen Demokratien, keiner von ihnen hat je ein Wort der Kritik gegen das Sowjetregime geschrieben. Ich will damit beileibe nicht sagen, daß sie bestochen waren; mit so groben Machenschaften wollen wir uns hier nicht befassen. Viel interessanter ist die Dialektik des Unbewußten – jene subtile innere Stimme, die dem Autor zuflüstert, daß die Verleger in der kapitalistischen Welt korrupte Zyniker sind, denen es gänzlich egal ist, was ihre Autoren schreiben, solange sich nur ihre Bücher verkaufen lassen, während die sowjetischen Verleger das Sowjetvolk verkörpern und sich daher mit Recht jede Kritik an ihrem freien Lande verbitten können.

Mißtrauen, Terror und Apathie

Mein Aufenthalt in der Sowjetunion dauerte ein Jahr, das ich zur Hälfte mit Reisen verbrachte und zur Hälfte – in Charkow und Moskau – mit der Arbeit an meinem Buch. Die deutsche Ausgabe erschien, unter einem anderen Titel, in Charkow; die russischen, georgischen und armenischen Übersetzungen haben, soviel ich weiß, niemals das Licht der Welt erblickt.

Meine Reisen führten mich durch die Industriegebiete längs der Wolga nach Süden durch die Ukraine und über die transkaukasischen Republiken Georgien, Armenien und Aserbeidschan nach Baku, über das Kaspische Meer und durch die zentralasiatischen Republiken Turkmenistan und Usbekistan hinunter an die afghanische Grenze und dann über Taschkent und Kasachstan zurück nach Moskau. Was ich sah und erlebte, war für mich ein harter Schock – aber gleichsam ein Schock mit Zeitzündung. Meine Parteierziehung hatte mich mit so viel kunstvollen geistigen Stoßdämpfern und dialektischen Wattepolstern ausgestattet, daß alles Gesehene und Gehörte sich automatisch in den vorgefaßten Rahmen fügte.

Ich sprach Russisch ziemlich fließend, aber obwohl ich ohne Begleitung reiste, gab es, außer mit den offiziellen Organen, wenig Gelegenheit, mich in der Sprache zu üben. Der gewöhnliche Sowjetbürger weiß, daß es der Berührung eines Leprakranken gleichkommt, wenn er im Gespräch mit einem Ausländer beobachtet wird. Wer sich mit mir in Restaurants und Eisenbahnabteilen auf ein Gespräch einließ, bediente sich der stereotypen Klischees aus den Leitartikeln der

„Prawda“; man hätte glauben können, fertige Sätze aus einer Konversationsgrammatik zu hören. Doch ich verzeichnete das beifällig: es war ein gesundes Zeichen revolutionärer Disziplin und bolschewistischer Wachsamkeit.

Ich sah die Verheerungen, welche die Hungersnot von 1932/33 in der Ukraine angerichtet hatte: Scharen von zerlumpten Familien bettelten auf den Bahnhöfen; Frauen hielten Kinder, die mit ihren abgemagerten Gliedern, ihren riesigen Leichenschädeln und aufgedunsenen Bäuchen wie Schaupräparate von Embryos aussahen, zu den Fenstern der Abteile empor; den alten Männern schauten die erfrorenen Zehen aus den zerrissenen Bastschuhen hervor. Aber man erklärte mir, es seien Kulaken, die sich der Kollektivierung des Landes widersetzt hätten, und ich glaubte es. Diese Elendsgestalten einschließlich der Kinder waren eben Feinde des Volkes, die es vorzogen zu betteln. Das Stubenmädchen im Hotel Regina in Charkow wurde beim Aufräumen meines Zimmers vor Hunger ohnmächtig; der Direktor erklärte mir, daß sie frisch vom Lande gekommen sei und infolge einer technischen Schwierigkeit noch keine Lebensmittelkarten erhalten habe; ich glaubte auch das.

Ich konnte nicht umhin, die asiatische Rückständigkeit des Lebens zu bemerken, die Apathie der Menschenmenge auf den Straßen, in den Elektrischen und auf den Bahnhöfen; die unglaublichen Wohnverhältnisse, die alle Industriestädte wie ein einziges großes Elendsquartier erscheinen lassen – gewöhnlich bewohnen zwei oder drei Ehepaare ein Zimmer, das mit Wäscheleinen und darüber gehängten Tüchern aufgeteilt ist. Ich sah die Hungerrationen in den Kooperativen und erfuhr, daß der Preis für ein Kilogramm Butter auf dem freien Markt dem Monatslohn eines durchschnittlichen Arbeiters, und der Preis für ein Paar Schuhe zwei Monatslöhnen entsprach. Aber ich hatte gelernt, daß Tatsachen nicht nach ihrem Nennwert zu beurteilen sind und daß man die Dinge nicht statisch, sondern im dynamischen Zusammenhang betrachten muß. Der Lebensstandard war ohne Zweifel niedrig; aber unter dem zaristischen Regime war er noch niedriger gewesen. Der Arbeiterklasse in den kapitalistischen Ländern ging es zwar besser als in der Sowjetunion, aber das war eben ein statischer Vergleich; denn hier in Sowjetrußland befand sich der Lebensstandard ja im Ansteigen, unter dem Kapitalismus dagegen im Sinken. Am Ende des zweiten Fünfjahresplanes würde der sowjetische Lebensstandard den kapitalistischen eingeholt und überholt haben. Bis dahin waren alle Vergleiche irreführend und schädlich für die Moral des sowjetischen Volkes.

Folglich nahm ich nicht nur die Hungersnot als unvermeidlich hin, sondern auch das Verbot von Auslandsreisen, ausländischen Zeitungen und Büchern und die Verbreitung eines grotesk verzerrten Bildes vom Leben in der kapitalistischen Welt.

Zunächst war ich etwas befremdet, wenn mir nach einem Vortrag Fragen gestellt wurden wie etwa: „Wurden Ihnen, Genosse, nachdem Sie Ihren Posten bei der bürgerlichen Presse aufgaben, die Lebensmittelkarten entzogen und mußten Sie sofort aus Ihrem Zimmer ausziehen?“ – „Wie viele französische Arbeiterfamilien sterben durchschnittlich jeden Tag den Hungertod: a) in ländlichen Gebieten, b) in den Städten?“ – „Mit welchen Mitteln haben es unsere Genossen im Westen verstanden, vorläufig den Interventionskrieg abzuwenden, den die Finanzkapitalisten mit Hilfe der sozialfaschistischen Verräter vorbereiten?“ Die Fragen waren stets mit peinlicher Sorgfalt im neo-russischen Djugaschwili-Stil gehalten. Nach einiger Zeit fand ich sie ganz natürlich. Sie enthielten stets ein Körnchen

Wahrheit – das Körnchen war natürlich, nach den üblichen Propagandamethoden, ein bißchen übertrieben oder vereinfacht worden; aber für den Weiterbestand der von einer feindlichen Welt umgebenen Sowjetunion war Propaganda dieser Art eben eine unerläßliche Notwendigkeit.

Die notwendige Lüge und Verleumdung; die notwendige Einschüchterung der Massen zur Verhinderung kurzsichtiger Irrtümer; die notwendige Liquidierung aller Oppositionsgruppen und feindlichen Klassen; die notwendige Opferung einer ganzen Generation im Interesse der nächsten – all das mag ungeheuerlich klingen und war dennoch so leicht zu schlucken für den, der sich im Zustand der Gnade des absoluten Glaubens befand.

Das alles war schon einmal dagewesen – in der Geschichte der mittelalterlichen Kirchen, in Byzanz, in der Treibhausatmosphäre mystischer Sekten; und dennoch ist die geistige Welt des Rauschgiftsüchtigen einem Außenstehenden gegenüber, der nie den magischen Kreis betreten und nie eine Partie Wunderland-Krocket gegen sich selbst gespielt hat, fast unmöglich zu erklären.

Die Geburt der „Volksfront“

Mein Glaube war schwer erschüttert worden, doch dank der elastischen Stoßdämpfer wurde ich mir nur sehr langsam dieser Erschütterung bewußt. Eine Reihe von äußeren Ereignissen und inneren Rationalisierungen erleichterte es mir, weiter mitzumachen, und verzögerte den endgültigen Zusammenbruch meines Glaubens.

Das wichtigste dieser äußeren Ereignisse war der VII. Weltkongreß der Komintern im Jahre 1934, der eine neue Politik, eine vollkommene Negation der bisherigen Parteilinie einleitete – die jedoch wie immer durch dieselben Führer in die Tat umgesetzt werden sollte. Alle revolutionären Schlagworte, alle Hinweise auf den Klassenkampf und die Diktatur des Proletariats wurden mit einem gewaltigen Schwung in die Rumpelkammer gekehrt. Ihre Stelle nahm eine nagelneue Fassade mit Blumenkästen in den Fenstern ein, die „Volksfront gegen Krieg und Faschismus“. Ihre Türen sollten allen, die guten Willens waren, weit geöffnet sein – ganz gleich, ob es sich um Sozialdemokraten, Katholiken, Konservative oder Nationalisten handelte. Die Behauptung, daß wir jemals Revolution und Gewalt befürwortet hätten, wurde von nun an mit Entrüstung geleugnet, lächerlich gemacht, als eine von den reaktionären Kriegstreibern verbreitete Verleumdung gebrandmarkt. Wir nannten uns jetzt nicht mehr „Bolschewisten“, nicht einmal Kommunisten – der öffentliche Gebrauch dieser Worte galt jetzt in der Partei als anrüchig; wir waren einfache, ehrliche, friedliebende Antifaschisten und Verteidiger der Demokratie.

Während der Bastille-Feier im Juli 1935 umarmte der alte kommunistische Parteiführer Marcel Cachin in der Salle Bullier in Paris das sozialfaschistische Reptil Léon Blum und küßte es im Beisein einer vieltausendköpfigen begeisterten Menge auf beide Wangen. Die Hälfte der Menge weinte, die andere Hälfte sang die Marseillaise und hinterher die Internationale. Endlich, endlich war die Arbeiterklasse wieder vereinigt. Bei den Wahlen 1936 in Spanien und Frankreich erzielte die Volksfront überwältigende Siege.

All dies ging natürlich unmittelbar auf den Kurswechsel in der sowjetischen Außenpolitik zurück: auf Sowjetrußlands Eintritt in den Völkerbund, den Sieg der Politik Litwinows, auf die Militärabkommen mit Frankreich und der Tschechoslowakei. Und wiederum überzieht sich für die Rückwärtsblickenden die Erinnerung an diese Tage der Volksfront mit einem dunklen Schatten, dem Schatten des späteren Wissens um die zynische Unaufrichtigkeit hinter der Fassade und ihre bitteren Folgen. Dennoch strahlte die Volksfront die warme Anziehungskraft und intensive Mystik einer jungen Massenbewegung aus.

Für mich war diese Zeit ein zweiter Honigmond mit der Partei.

Meine Übersiedlung nach Paris

Während meines Aufenthalts in Sowjetrußland war Hitler in Deutschland an die Macht gelangt; so siedelte ich denn im Herbst 1933 zu meinen Parteifreunden im Pariser Exil über. Der ganze „Rote Block“, mit Ausnahme der von der Gestapo verhafteten Genossen, hatte sich hier in den kleinen Hotels auf dem linken Seine-Ufer versammelt.

Die nächsten fünf Jahre waren Hungerjahre des Exils, erfüllt mit fieberhafter politischer Tätigkeit. Ihr Mittelpunkt und Dynamo war Willi Münzenberg, Leiter des Agitprop der Komintern für Westeuropa und Deutschland. Er war ein zäher, untersetzter Mann proletarischer Herkunft, eine magnetische Persönlichkeit von einer ungeheuren, mitreißenden Vitalität und einem unsentimentalen verführerischen Charme.

Er brach im Jahre 1938 mit der Komintern, sechs Monate nachdem ich selbst mit ihr gebrochen hatte, und wurde im Sommer 1940 unter den üblichen mysteriösen Umständen ermordet. Wie fast immer in solchen Fällen sind die Mörder unbekannt, doch die Indizien weisen alle in dieselbe Richtung wie die Magnetnadel nach dem Pol.

Willi war die „rote Eminenz“ der internationalen antifaschistischen Bewegung. Er organisierte den Reichstagsgegenprozeß – die öffentlichen Untersuchungen in Paris und London im Jahre 1933, die zum erstenmal die Aufmerksamkeit der Welt auf die ungeheuerlichen Vorgänge im Dritten Reich lenkten. Dann kam die Serie der Braunbücher und eine Flut von Broschüren und Emigrantenzeitungen, die von ihm finanziert und geleitet wurden, obwohl sein Name nirgends offen in Erscheinung trat. Er rief internationale Ausschüsse, Kongresse und Bewegungen ins Leben, wie ein Zauberer Kaninchen aus seinem Hut hervorzieht: das „Hilfskomitee für die Opfer des Faschismus", sogenannte „Ausschüsse für Wachsamkeit und demokratische Kontrolle", internationale Jugendkongresse usw. Jede dieser getarnten Parteiorganisationen konnte stolz auf das Aushängeschild einer Liste hochachtbarer Persönlichkeiten hinweisen – darunter englische Herzoginnen, amerikanische Leitartikler und französische Wissenschaftler, von denen die meisten den Namen Münzenberg nie gehört hatten und die Komintern für einen von Goebbels erfundenen Butzemann hielten.

Fieberhafte Propagandatätigkeit

Nachdem der VII. Kongreß den allgemeinen Kurswechsel befohlen hatte und die Volksfront aus der Taufe gehoben worden war, nahm Willis Unternehmungslust wahrhaft schwindelerregende Ausmaße an. Er gründete das „Komitee gegen Krieg und Faschismus" (die Amsterdamer „Pleyel-Bewegung"), dem Henri Barbusse präsidierte; die „Schriftstellerorganisation zur Verteidigung der Kultur", den „Untersuchungsausschuß für angebliche Verstöße gegen das Nichteinmischungsabkommen über Spanien" und eine ganze Reihe von anderen aus der Konjunktur sich ergebenden Unternehmen. Er war ein Organisationsgenie, ein einfallsreicher Propagandist und in seinen Methoden nicht skrupelloser als erforderlich, um sich in der von Intrigen vergifteten Atmosphäre der Komintern seine Stellung zu erhalten. Sollte je eine Biographie von Willi Münzenberg geschrieben werden, würde sie zweifellos eines der aufschlußreichsten Dokumente über die Zeit zwischen den beiden Weltkriegen sein.

Ich arbeitete unter Willi zu Beginn meines Pariser Exils – zur Zeit des Reichstagsbrand-Prozesses und der Braunbücher; dann wieder während des Spanischen Bürgerkrieges und schließlich im Jahre 1938, nach seinem Bruch mit der Komintern, als wir zusammen ein unabhängiges antifaschistisches Wochenblatt mit dem Titel „Die Zukunft" herausgaben. Zwischendurch plagte ich mich als freier Journalist ab, redigierte zur Zeit der Volksabstimmung an der Saar ein Partei-Witzblatt, „Die Saar-Ente" (sie wurde gleich nach der ersten Nummer von der Partei als zu frivol wieder eingestellt), und fungierte ein fieberhaftes, hungriges, aber glückliches Jahr hindurch als unbezahlter Geschäftsführer des Pariser „Instituts zum Studium des Faschismus".

Das war ein Archiv und Forschungsinstitut, das von Angehörigen der KP betrieben und von der Komintern kontrolliert, aber nicht finanziert wurde. Zweck und Ziel dieser Einrichtung war es, ein von den massenpropagandistischen Methoden der Münzenberg-Unternehmen unabhängiges Institut für das ernsthafte Studium der faschistischen Regimes zu schaffen. Wir wurden durch Spenden der französischen Gewerkschaften und aus französischen Intellektuellen- und Akademikerkreisen unterhalten. Wir arbeiteten alle ohne Gehalt zehn bis zwölf Stunden am Tag. Glücklicherweise gab es in unseren Räumen in der Rue Buffon eine Küche, wo jeden Mittag ein gewaltiger Topf dicker Erbsensuppe für die Mitarbeiter gekocht wurde. Mehrere Wochen lang war dies meine einzige Nahrung. Ich wohnte damals auf einem Heuboden, in einer verrückten Freiluftkolonie der Anhänger Raymond Duncans in Meudon Val Fleuri; das war der einzige Ort, wo ich mietfrei übernachten konnte. Allerdings hatte ich dafür täglich einen kilometerlangen Fußmarsch zum Büro zu bewältigen.

Warum ich dabei blieb

Sich selbstlos und von ganzer Seele einer Arbeit hinzugeben, ist das wirksamste Mittel, um sein Gewissen zu betäuben. Die Missetaten des Sowjetregimes und des Kominternapparates traten in den Hintergrund. Das einzige, worauf es ankam, war der Kampf gegen Hitler und den drohenden Krieg. Keiner von uns verstand, daß unsere Führer den Kampf nicht ernst meinten; daß wir Schatten in einem Scheingefecht waren.

Es gab noch einen zweiten psychologischen Faktor, der mir half, bei der Stange zu bleiben – eine Überzeugung, die von den besten meiner Freunde, die jetzt entweder die Partei verlassen haben oder liquidiert worden sind, geteilt wurde. Obwohl wir Scheuklappen trugen, waren wir nicht völlig blind, und selbst die verbissensten Fanatiker unter uns konnten nicht umhin zu bemerken, daß in der Bewegung nicht alles war, wie es sein sollte. Aber wir wurden niemals müde, einer dem andern und jeder sich selbst vorzusagen, daß die Partei nur von innen her, nicht von außen, reformiert werden könne. Aus einem Klub oder einer politischen Bewegung kann man sich zurückziehen, wenn einem deren Politik nicht mehr paßt; aber die Kommunistische Partei war etwas ganz anderes: sie war der Vortrupp des Proletariats, die Inkarnation des Willens der Geschichte selbst. Hatte man sie einmal verlassen, so war man gewissermaßen extra muros, ein Außenseiter der Geschichte, und man konnte sagen und tun, was man wollte, es hatte nicht den geringsten Einfluß auf ihren Kurs. Die einzige dialektisch korrekte Haltung war, dabei zu bleiben, das Maul zu halten, die Wut zu schlucken und auf den Tag zu warten, an dem, nach der Niederwerfung des Feindes und dem Sieg der Weltrevolution, Sowjetrußland und die Komintern bereit waren, zu demokratischen Einrichtungen zu werden. Dann, und nur dann, würden die Führer über ihre Handlungen Rechenschaft ablegen müssen: über die vermeidbaren Niederlagen, die mutwilligen Opfer und die Fluten von Dreck und Verleumdung, unter denen die Elite unserer Genossen umgekommen war. Bis zu jenem Tag hatte man das Spiel weiter mitzumachen – ja sagen und widerrufen, leugnen und denunzieren, ideologischen Speichel lecken und kräftig schlucken, wenn es einem hochkam. Das war der Preis für die Erlaubnis, sich weiter sozial nützlich zu fühlen und auf solche Art seine pervertierte Selbstachtung zu bewahren.

Als Korrespondent nach Spanien

Im Juli 1936 inszenierte General Franco seinen Staatsstreich. Ich suchte Willi auf und bat ihn, mir beim Eintritt in die Republikanische Armee Spaniens zu helfen; damals gab es noch keine Internationalen Brigaden. Ich hatte meinen ungarischen Paß mitgebracht. Willi blätterte ihn zerstreut durch; als eingefleischter Propagandist war er entschieden dagegen, daß Schriftsteller ihre Zeit mit dem Ausheben von Schützengräben verschwenden sollten. In dem Paß lag mein Ausweis als Pariser Korrespondent des „Pester Lloyd". Ich hatte nie ein Wort für dieses Blatt geschrieben, aber fast jeder ungarische Emigrant in Paris verfügte über einen Presseausweis von dieser oder jener Zeitung, um sich gelegentlich unentgeltliche Theater- und Kinobilletts zu verschaffen. Willis Augen leuchteten auf: ihm war eine Idee gekommen.

„Warum gehst du nicht für den ‚Pester Lloyd' in Francos Hauptquartier?" schlug er vor. „Ungarn ist ein halbfaschistisches Land, die Leute werden dich mit offenen Armen empfangen."

Auch ich hielt die Idee für ausgezeichnet; aber sie hatte einige Haken. Zunächst würde sich der „Pester Lloyd" nie darauf einlassen, mich nach Spanien zu schicken; aber war es denn nötig, die Redaktion überhaupt von der Reise in Kenntnis zu setzen? Im Durcheinander eines Bürgerkrieges würde sich kaum jemand der Mühe unterziehen, mein Beglaubigungsschreiben zu prüfen. Zweitens konnte es anderen ausländischen Korrespondenten aufstoßen, daß ein armes ungarisches Blatt einen Sonderkorrespondenten nach Spa-

Arthur Koestler im Spanischen Bürgerkrieg, 1938

nien zu entsenden in der Lage war. Aber auch diese Schwierigkeit wurde überwunden. Ich hatte Freunde beim „News Chronicle", der führenden liberalen Tageszeitung in London, die eine heftig ablehnende Haltung gegenüber Franco einnahm und keine Aussicht hatte, einen eigenen festen Korrespondenten in das Gebiet der Aufständischen zu bringen. Ihr außenpolitischer Redakteur erklärte sich freudig damit einverstanden, mich zu seinem Sonderkorrespondenten zu machen, unter der Voraussetzung natürlich, daß es mir gelingen sollte, spanisches Rebellengebiet zu betreten.

Ich brachte es mit einiger Mühe fertig, über Lissabon nach Sevilla zu gelangen, wo sich damals das Hauptquartier Francos befand. Mein Aufenthalt in dieser Stadt war von kurzer Dauer, denn ich wurde schon am zweiten Tag erkannt und als Kommunist angezeigt. Doch gelang es mir dank des unglaublichen Wirrwarrs, der in Spanien herrschte, gerade noch zur rechten Zeit über Gibraltar zu entwischen.

Trotz der Kürze meines Besuches hatte ich die deutschen Piloten und Flugzeuge der Armee Francos sehen und einiges Material über ihre Tätigkeit sammeln können. Ich veröffentlichte das Material im „News Chronicle" sowie in einer Broschüre, wodurch ich mir die besondere Feindschaft des Franco-Regimes zuzog. Infolgedessen waren, als ich sechs Monate später beim Fall Malagas gefangengenommen wurde, meine Aussichten, mit dem Leben davonzukommen, nicht allzu gut.

Ich verbrachte vier Monate in spanischen Gefängnissen in Malaga und Sevilla, den größten Teil davon in Einzelhaft und in der Erwartung, daß man mich bald erschießen würde. Als ich im Juni 1937 auf Grund einer Intervention der britischen Regierung überraschend freigelassen wurde, war weder mein Haar ergraut, noch hatten sich meine Gesichtszüge verändert.

Aber ich hatte mit einer neuen Art von Wirklichkeit Bekanntschaft gemacht, die mein ganzes Denken und all meine Wertmaßstäbe umstürzte, und zwar so gründlich und unbewußt, daß ich dessen in den ersten Tagen der wiedergewonnenen Freiheit gar nicht inne wurde.

Die für diesen Wandel verantwortlichen Erlebnisse waren Furcht, Mitleid und ein drittes Element, das sich viel schwerer beschreiben läßt. Meine Furcht galt nicht dem Tode an sich, sondern den demütigenden, unerfreulicheren Formen des Sterbens – mein Gefängnisgefährte Garcia Atadell, mit dem ich oft im Patio spazierengegangen war, wurde kurz nach meiner Freilassung mit der spanischen Garrotte erdrosselt. Das Mitleid galt den kleinen andalusischen und katalanischen Bauern, die ich weinen und nach ihrer *madre* rufen hörte, wenn sie nachts hinausgeführt wurden, um erschossen zu werden. Das dritte Erlebnis schließlich war ein Geisteszustand, den man gewöhnlich mit Ausdrücken aus dem Sprachschatz des Mystizismus belegt und der sich ganz unerwartet einzustellen und mich mit einem inneren Frieden zu erfüllen pflegte, wie ich ihn nie zuvor gekannt hatte und auch später nie wieder erlebte.

Die Lehre, die man aus einem solchen Erlebnis zieht, erscheint, sobald man sie in Worte kleidet, immer im fahlen Gewand der ewigen Gemeinplätze: daß der Mensch eine Realität ist und die Menschheit eine Abstraktion; daß man Menschen nicht als Zahlen in einer politischen Gleichung behandeln kann, weil sie sich wie die Zeichen für Null und Unendlich verhalten, die alle mathematischen Berechnungen aus den Fugen bringen; daß der Zweck die Mittel nur innerhalb sehr enger Grenzen heiligt; daß die Ethik nicht nur eine Funktion sozialer Nützlichkeit ist und Nächstenliebe kein kleinbürgerliches Sentiment, sondern die Gravitationskraft, die jede Zivilisation zusammenhält.

Nichts muß platter klingen, als wenn man ein Erlebnis, das sich schon seiner Natur nach jedem sprachlichen Zugriff entziehen muß, in Worte zu fassen versucht; und dennoch war jeder einzelne dieser trivialen Gemeinplätze unvereinbar mit dem kommunistischen Glauben.

Würde es sich hier um einen Roman handeln, so müßte er hier enden: der Held hat einen geistigen Wandel durchgemacht, sagt seinen bisherigen Genossen Valet, um mit einem heitern Lächeln seine eigenen Wege zu gehen.

In Wirklichkeit wußte ich jedoch bei meiner Freilassung noch gar nicht, daß ich kein Kommunist mehr war. Nachdem mich die Guardia Civil bei Gibraltar über die Grenze abgeschoben hatte, war das erste, was ich tat, ein Telegramm an die Partei zu schicken, das mit Schillers Worten „Seid umschlungen, Millionen …" begann. Noch merkwürdiger ist, daß ich hinzufügte: „… von allen Bauchschmerzen geheilt." Mit „Bauchschmerzen" bezeichneten wir damals im Parteijargon alle Zweifel an der Richtigkeit der Parteilinie.

Der Anfang vom Ende

Es war eine kurze Euphorie. Ich verbrachte drei Monate bei Freunden in England und schrieb dort mein Buch über Spanien; dann aber – nach einer für den „News Chronicle“ unternommenen kurzen Reise in den Mittleren Osten, die keinen Anlaß zu Differenzen mit der Partei bot – begann der Konflikt. Sein Ablauf war durchaus undramatisch.

Ich machte für den „Left Book Club“ eine Vortragsreise durch England; sobald ein Fragesteller unter meinen sich vorwiegend aus Kommunisten zusammensetzenden Zuhörern um Einzelheiten über die „verräterische Tätigkeit“ der POUM bat – einer unabhängigen, linksradikalen spanischen Splittergruppe mit trotzkistischen Tendenzen, die von der Partei als „Agentur Francos“ bezeichnet wurde –, gab ich zur Antwort, daß ihre starre Politik zwar schädlich für die Sache sein mochte, daß sie aber keineswegs aus Verrätern bestehe. Erstaunlicherweise ließ man dies durchgehen; die englische Partei war in diesen Dingen von einer schon berüchtigten Nachlässigkeit und meldete ideologische Abweichungen nur selten an die höheren Instanzen weiter.

Dann erfuhr ich, daß im Zusammenhang mit den Massensäuberungsaktionen in Sowjetrußland mein Schwager und zwei meiner engsten Freunde verhaftet worden waren. Alle drei gehörten der KPD an.

Dr. Ernst Ascher, mein Schwager, war ein politisch naiver und unbeschlagener Arzt, der an einem staatlichen Krankenhaus der Wolgadeutschen Republik arbeitete. Wie ich später erfuhr, wurde er beschuldigt, als Agent für eine ausländische Macht zu arbeiten und ein Saboteur zu sein, der seinen Patienten Syphilis-Bazillen injizierte* und das Volk durch die Behauptung demoralisierte, daß Geschlechtskrankheiten unheilbar seien.

Die anderen beiden waren Alex Weißberg und seine Frau Eva. Aus Gründen, auf die ich noch zurückkommen werde, will ich ihrem Schicksal hier etwas breiteren Platz einräumen. Alex war ein Physiker und arbeitete am „Ukrainischen Physikalisch-Technischen Institut“. Ich kannte beide seit vielen Jahren und hatte in Charkow als Gast bei ihnen gewohnt. Als ich Rußland im Jahre 1933 verließ, hatte mich Alex zum Zug gebracht und mir zum Abschied gesagt: „Was auch geschieht, halte das Banner der Sowjetunion immer hoch.“

Seine Verhaftung im Jahre 1937 erfolgte unter der Anklage (von der ich erst sehr viel später erfuhr), er habe zwanzig Banditen angeworben, die Stalin und Kaganowitsch bei ihrem nächsten Jagdausflug in den Kaukasus aus dem Hinterhalt ermorden sollten. Er weigerte sich, ein Geständnis zu unterschreiben, wurde drei Jahre lang in verschiedenen Gefängnissen festgehalten und schließlich, nach Unterzeichnung des deutsch-sowjetischen Bündnisses, zusammen mit ungefähr hundert anderen österreichischen, deutschen und ungarischen Kommunisten im Juli 1940 bei Brest-Litowsk der Gestapo übergeben. (Unter seinen Leidensgenossen befand sich auch Grete Buber-Neumann, die Frau des deutschen Kommunistenführers Heinz Neumann und Schwägerin von Willi Münzenberg, sowie der Physiker Fiesl Hautermans, ein ehe-

* Man erinnert sich vielleicht der gegen Jagoda, den ehemaligen Chef der GPU, und drei Ärzte vorgebrachten Beschuldigung, sie hätten Maxim Gorki mit Quecksilberdämpfen vergiftet.

maliger Assistent des englischen Nobelpreisträgers Professor Blackett.) Er kam mit dem Leben davon, beteiligte sich am Warschauer Aufstand und hat seine Erlebnisse in dem Buch „Hexensabbat“ beschrieben, das im Verlag der Frankfurter Hefte erschienen ist.

Alex' Frau war Kunstgewerblerin. Sie wurde etwa ein Jahr vor ihm verhaftet und zunächst angeklagt, Hakenkreuze in die von ihr für die Massenproduktion entworfenen Teetassendekorationen eingeschmuggelt zu haben. Dann wurde ihr vorgeworfen, sie habe zwei Pistolen unter ihrem Bett verborgen, mit denen sie Stalin auf dem nächsten Parteikongreß ermorden wollte. Sie brachte achtzehn Monate in der Lubjanka zu, wo die GPU sie als reuige Sünderin für den Schauprozeß gegen Bucharin zu präparieren versuchte. Sie schnitt sich die Pulsadern auf, wurde gerettet und dank der außergewöhnlichen Bemühungen des mit ihrer Mutter befreundeten österreichischen Konsuls in Moskau kurz darauf über die Grenze abgeschoben.

Ich traf Eva nach ihrer Freilassung und Ausweisung im Frühjahr 1938 in London und versprach ihr, mein möglichstes für Alex zu tun. Da sich bereits Albert Einstein für ihn verwandt hatte, faßte ich ein sorgfältig formuliertes Telegramm an Stalin ab, zu dem ich die Unterschriften der drei französischen Nobelpreisträger für Physik Jean-Baptiste Perrin, Irène und Frédéric Joliot-Curie erhielt. In diesem Telegramm, von dem wir eine Abschrift an den damaligen Staatsanwalt Wyschinski sandten, wurde die Sowjetregierung ersucht, die Anklage gegen Weißberg, soweit es überhaupt eine gebe, zu veröffentlichen und dem Angeklagten ein öffentliches Gerichtsverfahren zu gewähren. Es ist bezeichnend, daß sowohl Perrin als auch die Curies, die alle mit den Sowjets sympathisierten – die Curies traten sogar kurz darauf in die Partei ein –, offensichtlich nicht allzuviel von den sowjetischen Justizmethoden hielten; denn sie nahmen es, obwohl ihnen Alex Weißberg überhaupt kein Begriff und meine eigene Bekanntschaft mit ihnen nur flüchtiger Natur war, sofort als erwiesen hin, daß er unschuldig war.

Die Moral von dieser Geschichte ist, daß Joliot-Curie, Blackett und die übrigen marxistischen Atomphysiker sich nicht darauf ausreden können, keine Ahnung von den Vorgängen in Sowjetrußland gehabt zu haben. Sie kennen zumindest diese zwei Fälle ihrer Kollegen Weißberg und Hautermans, zweier ergebener Kommunisten, die unter grotesken Anschuldigungen verhaftet, jahrelang ohne Verhandlung festgehalten und schließlich an die Gestapo ausgeliefert wurden. Sie wissen auch, daß diese Fälle keine Ausnahme waren, weil ihnen aus russischen Akademikerkreisen verläßliche Berichte über Hunderte von ähnlichen Fällen zugänglich sind. Und dasselbe gilt für alle kommunistischen oder mit dem Kommunismus sympathisierenden Schriftsteller, Journalisten und Intellektuellen. Jeder einzelne von uns hat mindestens einen Freund, von dem er weiß, daß er in einem Arbeitslager der Arktis umgekommen ist, als Spion erschossen wurde oder spurlos verschwand. Wie erbebten doch unsere Stimmen vor gerechter Empörung, wenn wir gelegentliche Fehlschläge der Justiz in den westlichen Demokratien aufzeigten, und wie eisern hielten wir den Mund, wenn unsere Genossen auf dem sozialistischen Sechstel der Erde ohne Verhandlung und Urteil liquidiert wurden. Jeder von uns schleppt seine Toten in den Kellergewölben seines Gewissens herum; in der Summe gibt es da mehr Gerippe als in den Pariser Katakomben.

Der Dank des „Sozialistischen Vaterlandes“

In keinem Jahrhundert und in keinem Lande sind so viele Revolutionäre umgebracht und zu Sklaven gemacht worden wie in Sowjetrußland. Und da ich selbst sieben Jahre lang für alle Torheiten und Verbrechen, die unter dem Banner des Marxismus begangen wurden, eine Ausrede zu finden wußte, ist für mich das Schauspiel dieser dialektischen Seiltänze, mit deren Hilfe im Grunde anständige Leute ihr eigenes Gewissen betrügen, noch entmutigender als die schlichte Barbarei der Armen im Geiste. Wer die nahezu unbegrenzten Möglichkeiten dieser Akrobatenkunststücke auf dem Seil des Gewissens kennt, der weiß auch ungefähr, wie lange man darauf herumtanzen kann, bis es reißt.

Ungefähr um dieselbe Zeit, als ich von Alex' Verhaftung erfuhr, gelang es einem meiner Genossen, der in Deutschland fünf Jahre Zwangsarbeit verbüßt hatte, nach Paris zu entkommen. Vor seiner Verhaftung hatte er für einen Zweig des Apparats gearbeitet, dessen Leiter inzwischen liquidiert worden war. Das genügte der Partei, um meinen Freund und seine Frau, ohne daß man sie vorher angehört oder ihnen eine Möglichkeit zur Verteidigung gegeben hätte, als Agenten der Gestapo anzuprangern. Die Parteipresse veröffentlichte ihre Bilder mit der Warnung, jede Berührung mit ihnen zu vermeiden. Ich hatte schon von anderen Fällen dieser Art gehört, sie aber stets mit einem Achselzucken abgetan und meinen geistigen Seiltanz fortgesetzt. Jetzt waren diese beiden Individuen für mich wichtiger geworden als die abstrakte Idee, in deren Namen sie geopfert werden sollten, und ich nahm bedingungslos für sie Stellung.*

Die Partei reagierte immer noch nicht. Sie hatte mich, als ich im Gefängnis saß, als Märtyrer für Propagandazwecke ausgenutzt, und es mußte noch einige Zeit vergehen, bis sie mich als faschistischen Agenten denunzieren konnte.

* Sie haben sich jetzt unter einem anderen Namen in einem britischen Dominion eine neue Existenz gegründet. Übrigens handelt es sich bei der Frau um die Genossin, die sich der Gestapo durch das Wort „konkret" verriet.

Ketzereien

Das Ende kam, wie ich schon sagte, auf eine durchaus undramatische Art. Im Frühjahr 1938 hatte ich vor dem „Schutzverband Deutscher Schriftsteller" in Paris einen Vortrag über Spanien zu halten.

Kurz vor Beginn der Veranstaltung ersuchte mich ein Vertreter der Partei, einen Absatz in das Manuskript aufzunehmen, in dem die POUM als Agentur Francos bezeichnet werden sollte. Ich lehnte dies ab. Er zuckte mit den Achseln und fragte mich, ob ich ihm den Text meines Vortrages zeigen und „inoffiziell" mit ihm „durchsprechen" wolle. Auch das lehnte ich ab. Die Veranstaltung fand im Saal der „Société des Industries Françaises" an der Place St. Germain des Prés statt. Die Zuhörerschaft bestand aus zwei- bis dreihundert emigrierten Intellektuellen, die Hälfte davon Kommunisten. Ich wußte, daß dies mein letztes öffentliches Auftreten als Mitglied der Partei sein würde.

Die Rede enthielt keinerlei direkte Kritik gegen die Partei oder gegen Sowjetrußland. Aber sie enthielt drei sorgfältig formulierte Sätze, die für normale Menschen Gemeinplätze waren, für Kommunisten jedoch einer Kriegserklärung gleichkamen. Der erste dieser Sätze lautete: „Es gibt keine Unfehlbarkeit einer Person, einer Bewegung oder einer Partei." Der zweite war: „Toleranz dem Feinde gegenüber ist ebenso selbstmörderisch wie Intoleranz dem Freunde gegenüber, der dasselbe Ziel auf einem abweichenden Weg verfolgt." Der dritte Satz war ein Zitat von Thomas Mann: „Eine schädliche Wahrheit ist besser als eine nützliche Lüge."

Damit war es geschehen. Als ich geendet hatte, applaudierte die nichtkommunistische Zuhörerschaft, während die Kommunisten – zum größten Teil mit untergeschlagenen Armen – in bedeutungsschwerem Schweigen verharrten.

Es hatte dazu nicht einmal eines Parteibefehls bedurft; die Reaktion auf jene fatalen Gemeinplätze war prompt und spontan. Es war genau, als ob ich vor einer nationalsozialistischen Zuhörerschaft gesagt hätte, daß alle Menschen ungeachtet ihrer Rasse und ihres Glaubens mit gleichen Rechten geboren seien.

Einige Tage später erklärte ich dem Zentralkomitee schriftlich meinen Austritt aus der Partei.

Unerschütterte Grundlagen?

Hiermit wäre die zweite Gelegenheit gegeben, diese Aufzeichnungen zu beenden, aber es ist noch ein weiterer Nachtrag zu machen. Mein Schreiben war ein Abschiedsbrief an die KPD, die Komintern und das Regime Djugaschwilis – aber es schloß mit einer Loyalitätserklärung an die Sowjetunion.

Ich gab meiner Opposition gegenüber dem Regime, dem Krebsschaden der Bürokratie und der Unterdrükkung der bürgerlichen Freiheiten Ausdruck, bekannte jedoch meinen Glauben, daß die Grundlagen des Arbeiter- und Bauernstaates nicht erschüttert seien, daß die Verstaatlichung der Produktionsmittel eine Garantie für die endliche Rückkehr auf den Weg des Sozialismus biete und daß die Sowjetunion – trotz allem – noch immer unsere letzte und einzige Hoffnung „auf einem in schnellem Verfall begriffenen Planeten" darstelle.

Das Seil war gerissen, aber darunter gab es eben noch ein Sicherheitsnetz, in dem ich nun eine sehr gemischte Gesellschaft vorfand – alte Partei-Akrobaten, die ihr dialektisches Gleichgewicht verloren hatten, Trotzkisten, Veteranen der Rechts- und Links-Opposition, abgehängte Mitläufer und andere mehr, die sich in den verschiedensten Verrenkungen wanden.

Wir fühlten uns in diesem Niemandsland recht unbehaglich, aber wir brauchten uns wenigstens nicht als gänzlich gefallene Engel anzusehen. Dieser Schwebezustand dauerte für mich bis zu dem Tag, an dem zu Ehren Ribbentrops die Hakenkreuzfahne auf dem Moskauer Flugplatz gehißt wurde und die Kapelle der Roten Armee das Horst-Wessel-Lied anstimmte. Damit war es Schluß: von nun an war es mir wirklich egal, ob mich die neuen Verbündeten Hitlers einen Konterrevolutionär schimpften.

Ich habe den Trugschluß von den „unerschütterten Grundlagen des Arbeiterstaates“ – den Irrglauben, daß eine staatskapitalistische Wirtschaft notwendigerweise zum Sozialismus führen müsse – an anderer Stelle aufzudecken versucht. Deshalb will ich meine Argumente hier nicht wiederholen. Ich habe diesen Epilog zu meiner Parteilaufbahn nur deshalb angefügt, weil diese verzweifelten Versuche, mich noch an die letzten Fetzen der verlorenen Illusionen zu klammern, typisch waren für die geistige Feigheit, die auch heute noch bei der Linken herrscht. Die Sucht nach dem Sowjetmythos ist ebenso zäh und läßt sich ebenso schwer heilen wie jede andere Hörigkeit.

Sieben Jahre lang habe ich der Kommunistischen Partei gedient – genauso lange, wie einst Jakob die Schafe Labans hütete, um dessen Tochter Rachel zu gewinnen. Als die Zeit um war, führte man die Braut in sein dunkles Zelt. Erst am nächsten Morgen machte er die Entdeckung, daß seine Leidenschaft nicht der lieblichen Rachel, sondern der häßlichen Leah gegolten hatte. Ob er wohl je den Schock überwunden hat, mit einer Illusion geschlafen zu haben? Und ob sich das fröhliche Ende der Legende wohl noch einmal wiederholen wird? Denn um den Preis weiterer sieben Jahre gewann der Jakob der Bibel doch noch seine Rachel, und die Illusion wurde Wirklichkeit. Und die sieben Jahre schienen ihm wie ein Tag, angesichts der Liebe, die er für sie empfand.

Arthur Koestler diktiert seiner neuen Sekretärin und zukünftigen Frau Cynthia am Fenster seines Hauses *Verte Rive* in Fontaine-le-Port an der Seine, wo er wenige Monate zuvor, im Spätfrühling des Jahres 1949, „Das rote Jahrzehnt“ abgeschlossen hatte.

Bildnachweis

Bildarchiv der Österreichischen Nationalbibliothek 17, 25, 73;
Bilderdienst Süddeutscher Verlag 97; Europaverlag 51, 53;
Harold Harris (London) 111.